Ronny Tekal

Von innen sieht Österreich viel größer aus

»Ein Unentschieden ist ein Sieg für Österreich«
(Helmut Qualtinger)

Für Benjamin, Hannah, Niklas und Barbara, die wohl
gelungenste österreichische Melange aus Salzburg, Wien
und Niederösterreich

Ronny Tekal

Von innen sieht Österreich viel größer aus

Porträt eines besonderen Landes

orell füssli Verlag

Konzeption: Ariadne-Buch, Christine Proske, München
Lektorat: Make Content, Kathrin Nord, Marc Frank
Druck und Bindung: CPI books GmbH, Leck

ISBN 978-3-280-05605-9

Die Deutsche Nationalbibliothek verzeichnet diese Publikation in der Deutschen Nationalbibliografie; detaillierte bibliografische Daten sind im Internet über http://dnb.d-nb.de abrufbar.

Inhalt

Präambel (Entschuldigung)

Rund 200 Seiten für ein kleines, sehr komplexes Land können den Komplexen des Landes niemals gerecht werden. Die bescheidene Fläche Österreichs verführt den ungenauen Beobachter zu übersehen, wie viel Geschichte und Geschichten die Nation zu bieten hat. Und er wird vor lauter Gartenzwergen nicht erkennen, dass das Land eine kulturelle Großmacht ist.

Daher muss ich vorab klarstellen: Für die 200 Seiten Buchumfang kann ich freilich bitte nichts! Sie waren eine Vorgabe des Verlages. Ich kann bitte auch nichts für die subjektive und willkürliche Auswahl der einzelnen Themen. Daran sind alleine die Themen schuld. Und natürlich auch die Auswahl.

Es obliegt also nicht mir, wenn wesentliche Teile der österreichischen Identität nicht ausreichend beachtet werden. Hätte ich mehr Buchseiten, Themen oder Auswahl zur Verfügung gehabt, so wäre das Ergebnis wohl anders ausgefallen. Ich bitte dies beim Lesen zu bedenken und mir mildernd anzurechnen.

Mit dieser Entschuldigung zu Beginn haben Sie bereits den ersten Schritt hinter sich, um der österreichischen Seele etwas näher zu kommen. Gratulation!

Denn eine der typischen österreichischen Eigenschaften ist die mit den Entschuldigungen. So ist der Satz »Ich bin nicht schuld!«, das Mantra, das hierzulande am häufigsten vor sich hingebrummelt wird. Die Schuldfrage allerdings ist knifflig und wenig sinnvoll: Man handelt aus subjektiven, möglicherweise sogar hehren Beweggründen, die sich für Außenstehende nicht erschließen müssen. Oft verstehen sie nicht einmal die Eingeweihten. Ein »Ich bin nicht schuld!« impliziert, dass ein anderer schuld sein muss. Denn von nix kommt nix. Aber wer? Wer ist nicht ich?

Dann gibt es da noch die österreichische Eigenschaft der präventiven Hinweise: dass man etwas eigentlich nicht so meint, nicht so sagen, nicht so geschehen lassen darf. Eine hübsche Rechtfertigung, um es dann doch so zu meinen, so zu sagen und so geschehen zu lassen. Nur darf sich dann aber niemand beschweren. Schließlich hatte man es ja zuvor gesagt.

Die dritte wesentliche Eigenschaft ist die Toleranz. Man möchte seine Mitmenschen weitgehend so lassen, wie sie sind – beschränkt, verrückt oder wochenlang halb verwest in der Nachbarwohnung, ohne Notiz davon nehmen zu müssen. Dass es sich bei der österreichischen Toleranz meist um eine Sonderform der Ignoranz handelt, darf als bekannt vorausgesetzt werden. Viele Sachlagen sind zwar einerseits von Bedeutung, bei näherer Betrachtung aber dann doch wieder egal, also »wurscht«.

Die Kombination dieser drei Tugenden: »Da kann ich nichts dafür«, »Ich hab es ja gesagt!« und »Es ist eigentlich wurscht« charakterisiert schon mal in groben Umrissen, um was es vielen Österreichern geht: ihren lieben Frieden zu haben.

Ich möchte in diesem Buch kein Österreich-Bashing betreiben. Das ist zwar zugegebenermaßen lustig und auch die Kunstform, mit der man sich als Kabarettist den Untiefen des Landes am besten nähert. Eine respektlose Karikatur kann allerdings nur zeichnen, wer einen gewissen Respekt für den Karikierten hat. Und auch wenn ich uns Österreichern auf den kommenden Seiten ab und an eine kleingärtnerische Kleinkariertheit unterstelle, so möchte ich mich gleich vorab in aller Form dafür höflichst entschuldigen.

Belangen können Sie mich zumindest nicht. Denn ich hab es ja gesagt.

Einleitung: Wo ist der feine Unterschied?

Ein satirisches Porträt des Heimatlandes zu entwerfen, fällt im 21. Jahrhundert schwer. Die Globalisierung macht einen gehörigen Strich durch die eigene klischeebeladene Rechnung. Früher konnte man sich noch den schrulligen Eigenheiten einzelner Nationen bedienen, heute fällt der erste Blick auf einen international austauschbaren Einheitsbrei. Zum Saufen muss man nicht unbedingt nach Finnland, Pizza wird sogar in China nachgebacken (als Rache für die einst von den Italienern gestohlenen Nudeln) und im kenianischen Busch kommt einem womöglich ein Massai mit auf dem Kopfschmuck installierter Go-Pro-Actionkamera entgegen. Man findet selten Überraschungen.

Mitteleuropäische Städte riechen nicht mehr nach»Berlin«,»Wien« oder»Paris«, sie riechen nach europäischer Stadt. Oder nach gar nichts. Seit die urbanen Hundebesitzer mit Plastiktüten hinter ihren Vierbeinern herrobben, um die Häufchen aufzufangen, bevor sie den Boden berühren; seit man nicht mehr so ohne weiteres an die nächste Hausecke pinkeln darf und seit sowohl Autos als auch Zigarettenraucher mit Partikelfiltern ausgestattet sind, lässt sich mit geschlossenen Augen und offener Nase nicht mehr sagen, in welcher Metropole man sich gerade befindet.

Auch die gastronomischen Besonderheiten haben ihr Lokalkolorit verloren. Landestypische Produkte kann man weltweit erwerben, und wer dem ihm anvertrauten Touristen begeistert ein echtes Wiener Schnitzel präsentiert, könnte statt dem erhofften kulinarischen Aha-Erlebnis zur Antwort bekommen:»Kenn ich schon. Hab ich mal in Seattle gegessen. War da besser.«

Man kann mittlerweile rund um den Erdball rauschende Bälle feiern, Fiaker fahren, Skilifte benutzen, Mozartkonzerte genießen und Red Bull trinken. Und die Sehenswürdigkeiten sehen auf dem neuen 4K-Flatscreen besser aus als im Original.

Aus den ursprünglichsten Alpendörfern sind mittlerweile globale Dörfer geworden, in denen die Bergbauernkinder vor den Almhütten sitzen und in ihre iPhones glotzen. Die Güte der Heimat wird nicht mehr an der unberührten Natur, sondern an der Qualität des WLAN gemessen. Ein Service, den übrigens die heimischen Liftbetreiber auch höchst erfolgreich auf den Skipisten anbieten. Auch die Menschen sind hierzulande nicht typischer als anderswo. Ein österreichischer Industrieller, der auf dem Opernball das Tanzbein schwingt, hat mit dem industriellen Gast aus China weitaus mehr Gemeinsamkeiten als mit einem Lagerarbeiter aus Favoriten, der zu dieser Zeit zu Hause im Trainingsanzug vor der Glotze lümmelt und den Ball im Fernsehen mitverfolgt. Wo bleibt also da das Landestypische, das gute, alte Klischee?

Es lohnt sich, den diagnostischen Blick ein wenig zu schärfen und in die Tiefe des Einheitsbreis abzutauchen. Denn während an der Oberfläche dieses Breis die leicht zu erkennenden und weltweit ähnlichen Einlagen von Starbucks, Apple oder Nestlé aufschwimmen, haben sich unter der Oberfläche ein paar regionale Spezialitäten versteckt. Sie sind es wert, näher beachtet zu werden. Dann erklären sie auch, warum der Brei letztlich doch ein wenig österreichisch schmeckt.

Zeitzeuge

Während meine Mutter mittlerweile in Alter und Rang zu einer Zeitzeugin aufgestiegen ist, die hautnah die Geschehnisse des mittleren 20. Jahrhunderts mitbekommen hat, kann ich, als gebürtiger 1969er nicht einmal über die erste Mondlandung berichten. Die fand zwei Tage vor meiner Geburt statt und so habe ich den »großen Schritt für die Menschheit« schlichtweg verschlafen. Dennoch möchte ich mich selbst als Zeitzeugen ins Rennen bringen. Immerhin haben wir uns beide, also Österreich und auch ich, in den vergangenen Jahrzehnten gehörig weiterentwickelt. Außerdem stand ich mir selbst während der Recherchen zu diesem Buch als Zeitzeuge immer unbürokratisch mit Rat und Tat zur Verfügung. So jemanden findet man nicht oft.

Meine Erinnerungsbilder von Österreich sind zwar nicht schwarz-weiß, wie man meinen könnte, aber zumindest gelbstichig, wie alte Fotos aus den 70ern. Vermutlich sind es die alten Familienfotos, die meine Erinnerungen nachträglich eingefärbt haben.

Ich habe ein sehr beschauliches, rückständiges, konservatives Österreich erlebt, das voller Zuversicht in seine Vergangenheit blickte. Das durchaus nicht unkritisch die Dinge so hinnahm, wie sie nun mal waren. Das zwar immer wieder versucht hat, sich weltmännisch zu geben, jedoch nie ganz daran geglaubt hat, es zu sein. Das zufrieden war mit dem, was es in den schwierigen Nachkriegsjahren durch Fleiß und Konsequenz erreicht hatte.

Veränderungen nahm man als etwas Negatives zur Kenntnis und wollte diese zuerst einmal im Ausland beobachten. Abwarten, ob das Ausland durch sie auf die Nase fiel oder man nicht zaghaft versuchen konnte, das Neue auch hierzulande umzusetzen und so international mitzuhalten.

Auf Kritik, besonders die Vergangenheit und den Umgang damit betreffend, pflegte man nicht mehr ganz so freundlich und gemütlich zu reagieren. Kam die Kritik aus den eigenen Reihen, griff man gerne auf das Wort »Nestbeschmutzer« zurück. Dann entwickelte die Nation eine Form der Bockigkeit und einer »Mir san mir«-Mentalität, die ihresgleichen suchte.

Man ging im Winter Skifahren und verreiste im Sommer nach Jugoslawien, man war römisch-katholisch, wählte rot oder schwarz, und die Hauptstadt Wien sperrte bis in die 80er-Jahre hinein um 22 Uhr zu. Nicht jedoch sonntags, da schon eine Stunde früher.

Ich bin ein Zeitzeuge, der heutige Schulklassen in Staunen versetzen kann, indem ich über damals alltägliche Mühsal berichte, etwa das qualvolle Warten auf eine freie Leitung beim Vierteltelefon-Anschluss. Das waren echt harte Zeiten!

Kleines heterogenes Land

Österreich ist mit seinen knapp über 80 000 Quadratkilometern ungefähr so groß wie das Ausmaß der jährlichen Wüstenbildung auf diesem Planeten. Diesen Staat vermag man am Globus, wenn überhaupt, nur mit Lupe zu erkennen und er ist aufgrund des Platzmangels zwischen Germany und Italy, lediglich mit einem A. statt mit ganzem Namen vermerkt. Dennoch handelt es sich um ein überaus heterogenes Gebiet.

Da ist zum einen die abwechslungsreiche Landschaft – es gibt hierzulande Steppen, Berge, Seen, Gletscher, Weinberge und so viele Metropolen, wie man an einem Finger abzählen kann. Auch das Wetter, die Sprache oder die Bevölkerung sind alles andere als einheitlich. Durch die vielen Falten, die das Gebirge im Land bildet, entwickelten sich schon vor langer Zeit inneralpine Subkulturen, die mit den Flachländlern nur wenig gemein haben.

Die vielen, voneinander unabhängigen Dörfer in den abgelegenen Tälern haben sich mittlerweile über das Internet zum »Global Village« zusammengeschlossen. Man sieht dieselben Dinge, hört dieselben Geschichten und hat dieselben Freunde auf Facebook. Damit werden schrullige Eigenheiten auf eine schrullige Gesamtheit nivelliert. Hier lässt sich das in Österreich weltberühmte Hobellied aus Ferdinand Raimunds »Verschwender« gut adaptieren:

»Das Smartphone setzt den Hobel an
und googelt alle gleich!«

Dass die Wahrnehmung der eigenen Größe sehr subjektiv ist, liegt natürlich an der Perspektive und damit in der Natur der Sache. Als Gleichnis für die österreichische Unsicherheit möchte ich ein Beispiel des österreichischen Psychologen und Kabarettisten Bernhard Ludwig heranziehen. Er erklärt, dass Männern am Pissoir den eigenen Penis kleiner wahrnehmen als den des Nebenpinklers. Grund dafür sei der sogenannte »Parallaxenfehler«, durch den bei der Sicht von oben, im Vergleich zur Sicht von schräg, alleine durch den Blickwinkel das gute Stück kleiner erscheint, als es tatsächlich ist.

Abhängig vom Blickwinkel wird das eigene Land also als eigentlich zu klein oder als zu bedeutend wahrgenommen.

Wer sich bei dem Vergleich »Nationalstaat – Penis« unwohl fühlt, den verweise ich darauf, dass dieser Nationalstaat die Heimat von Sigmund Freud war, und der wäre von diesem Vergleich sicherlich begeistert gewesen.

Land der ... wie war das noch mal?

Auch zu Beginn eines kleinen Buches über ein kleines Land sollte eine große Hymne stehen: Die österreichische Bundeshymne, vielen bekannt als »Land der Berge, Land am nananaaaa!«, geht auf den alten Freimaurer-Hit von Wolfgang Amadeus Mozart zurück. Sollten Sie dieses Buch nicht ohnehin im Stehen lesen, so bitte ich nun alle aufrechten Staatsbürger und integrationswilligen designierten Österreicher, sich bei den folgenden Zeilen zu erheben. Sonst machen Sie sich nach § 248 StGB strafbar und zwar wegen »Herabwürdigung des Staates und seiner Symbole«.

Dabei können Sie wahlweise die rechte Hand an das linke Herz legen, wie man es von anderen Nationen kennt, die Hände vor dem Schritt platzieren, wie es die Fußballer ehrfürchtig tun, oder Sie geben sich betont jugendlich-indifferent und stecken die Hände rechts und links in die Hosentaschen. Den Blick nicht gesenkt, sondern erhoben, auf das, was uns im Innersten ausmacht: auf die Berge und die Gipfel und die gute Luft. Wahrscheinlich sieht so mancher Arbeiter auf der Autobahnbaustelle deshalb so gerne nach oben, weil er nicht genug bekommt von diesem Anblick. Ein Blick, der das Land zusammenschweißt.

Worum also geht es in der österreichischen Bundeshymne?

Land der Berge

Die Berge stehen in der österreichischen Nationalhymne an erster Stelle. Sie sind, laut Umfrageergebnissen, der Österreicher ganzer Stolz. Am meisten Stolz empfinden die Österreicher damit für etwas, an dem sie nicht aktiv mitgewirkt haben. Gerüchten zum Trotz dürften weder die alteingesessenen Österreicher die Berge errichtet noch die heutigen Bewohner etwas dazu beigetragen haben, sie zu erhalten.

Der Dalai Lama meinte bei seinem Besuch 2012, wir Österreicher seien wie die Tibeter ein »Bergvolk«, er darf das sagen. Aus dem Mund unserer nördlichen Nachbarn aber hören wir diesen Begriff nicht allzu gerne. Vielleicht, weil sie dabei weniger unsere Naturverbundenheit und mehr unsere Rückständigkeit im Sinn haben. Egal, dafür hat man hierzulande weitaus mehr Aufstiegsmöglichkeiten und den besseren Überblick.

Land am Strome

Die Donau prägt den Nordteil des Landes, zwischen Schwarzwald und dem Schwarzen Meer und auf einer Strecke von 349 Kilometern. Auch dann, wenn man sich als Anrainer der Donau bei Hochwasser »im Strome« befindet. Die »schöne blaue Donau« wird übrigens zunehmend weiß. Jährlich fließen rund 1 Tonne Kokain über den Urin der Konsumenten und die Kanalisation in den Fluss. Die Verantwortung dafür können wir jedoch leider nicht auf die Bayern abwälzen. Die koksen ebenso gerne, können dann aber doch nix für die Kokainkonzentration zwischen Passau und der slowakischen Grenze. Und auch nicht auf die Fische, die zwar über eine Nase, jedoch keine ausreichend langen Flossen verfügen, um sich Lines reinzuziehen.

Im Strom kann auch Strom produziert werden, das zeigen die zahlreichen, den wilden Fluss zähmenden Staustufen. Trotz der vordergründig ökologischen Energiegewinnung ist die Wasserkraft hierzulande umstritten. Daher konnte das geplante Kraftwerk bei Hainburg niemals Strom für eine Glühbirne spenden, aber den neu gegründeten Grünen in Österreich (nach der erfolgreichen Besetzung des von der Rodung gefährdeten Auwaldes) genug Stimmen für einen Sitz im Nationalrat. Die Birnen in den Räumen ihres Parlamentsclubs glühen dank des ein paar Kilometer weiter flussaufwärts errichteten Kraftwerks Freudenau.

Land der Äcker

Wer einmal Gelegenheit hatte, mit dem Flugzeug über Österreich zu fliegen oder sehr, sehr hoch zu springen, konnte von oben unschwer erkennen, dass Österreich, wo nicht mit Bergen verstellt, von Äckern dominiert ist. Die Landwirtschaft hat hierzulande große Bedeutung, deshalb auch die Sichel als Symbol des Bauernstandes in den Krallen des Bundesadlers. Man sollte dem Vogel ein iPhone in die Kralle geben, denn der Bauer von heute braucht die modernen Medien, um eine Frau zu suchen.

Vor 150 Jahren galt Österreich noch als Agrarland, in dem drei Viertel der Bevölkerung die Felder bestellten und Viehwirtschaft betrieben. Das heute beliebte Wort »Bauernsterben« spielt nicht auf die ungesunde Lebensweise der Landwirte an, sondern darauf, dass mittlerweile nur mehr fünf Prozent von der Landwirtschaft leben können. Die Mehrheit pflügt, sät und füttert inzwischen im Nebenerwerb. Die landwirtschaftlich genutzte Fläche pro Hof vergrößert sich ständig, ebenso wie die Einheiten der Tierhaltung und die Sackgröße des gentechnologisch gepimpten Futters. Der Anbau von Genmais ist hierzulande zwar strengstens verboten, das Füttern der Tiere mit ausländischem Genmais aber strengstens erlaubt.

Land der Dome

Die Kirche ist die erstgenannte politische Instanz der Hymne und war lange Zeit mit dem Staat verheiratet. Mittlerweile haben sich die beiden scheiden lassen, leben aber trotz offizieller Säkularität doch irgendwie noch zusammen, der Kinder wegen. Wenn man in Österreich von Kirche spricht, meint man selbstredend die römisch-katholische Kirche. Gibt es noch eine andere?

Doch auch dieser katholischen Hochburg werden die Schäfchen zusehends abtrünnig. Bis in die 1980er-Jahre waren weit mehr als 80 Prozent der Bevölkerung Kirchenmitglieder, heute sind es nur noch 60 Prozent. Und die auch mehr auf dem Papier, um sich die Möglichkeit einer preiswerten und hübschen Kulisse für Taufen, Hochzeiten und Beerdigungen zu sichern. Das Selbstverständnis, der Institution Kirche anzugehören, ist heutzutage ebenso wenig selbstverständlich, wie die frühere Tradition der Großparteien SPÖ und ÖVP langsam aus der Mode kommt. Unumstritten hat die Kirche selbst einen Gutteil zu dieser Entwicklung beigetragen. Erzkonservative frauenfeindliche, im Ausgleich dazu allzu kinderliebende geistliche Würdenträger haben über Jahrzehnte ganze Arbeit geleistet, die Kirchenbänke leerzuspielen.

Zudem möchte die neue Generation einfach keinem Verein mehr angehören. Das Individuum geht der Gruppe vor, der Kinobesuch dem Besuch der Jungschar. Man zimmert sich seine Privatreligion, seine Privatpartei und sein Privatleben, ist weniger religiös, weniger politisch und kündigt den staatlichen Unternehmen die Kundschaft, weil man nun auf die private Bahn, die private Post oder die private Telefongesellschaft umsteigt.

Das hätte es früher nicht nur nicht gegeben, sondern auch nicht gegeben haben dürfen!

Land der Hämmer

Angesichts der Pleite der österreichischen Baumarktkette bauMax klingt der Vers »Land der Hämmer, zukunftsreich!« wie ein Hohn. Jetzt suchen die Österreicher im deutschen Hornbach und Obi oder im schweizerischen Bauhaus die Mitarbeiter zwischen den Regalen. Zur Hauptbeschäftigung des Freizeitösterreichers zählt der »Häuslbau«. Dass »Häusl« hierzulande auch Synonym für den Abort ist (für alle Nicht-Österreicher: Toilette/WC), mag ein Hinweis darauf sein, dass viele der Hobbybauherren und -damen mit Magengeschwür und, über den günstigen Schweizer-Franken-Kredit, hochverschuldet irgendwann mal auf den Bau scheißen.

Zur Freizeitbeschäftigung des hauptberuflichen Handwerkers gehört es indes, die Häusln der anderen zu bauen, im Sinne der Nachbarschaftshilfe. Hierbei scheißt man hingegen nicht auf den Bau selber, sondern auf die Steuer. Denn naturgemäß werden die Gefälligkeiten finanziell abgegolten. Obwohl der »Pfusch«, also die Schwarzarbeit am Bau, verboten ist, gilt es als offenes Geheimnis,

22

dass man sich ein Haus ohne diese Form der bezahlten Nächstenliebe kaum leisten kann.

Mit den Hämmern der Hymne sind aber eher die Personen gemeint, die das Werkzeug offiziell beruflich benutzen. Den Hammer hält der Bundesadler ebenfalls in Krallen, das Zeichen der Arbeiterschaft. Eine Kaffeemaschine, als Zeichen der Angestellten, trägt er hingegen nicht.

Zukunftsreich

Obwohl wir hierzulande die Zukunft aktiv gestalten möchten, hätten wir gerne, dass sie so ist wie die Gegenwart, nur besser und vielleicht ein bisschen mehr davon. Je nachdem, an wen man die Frage richtet, bekommt man eine sehr eingeschränkte Vorstellung von Zukunft: Wir brauchen mehr Radwege, mehr Parkplätze, weniger Lohnnebenkosten, weniger Regulierungen und prinzipiell weniger von dem, was jetzt noch zu viel ist. Der österreichische Kabarettist Helmut Qualtinger hat vor 45 Jahren in einem sehr sehenswerten Beitrag mehrere Landsleute dargestellt und sie über die Zukunft Österreichs philosophieren lassen, vom bärtigen Tiroler Hüttenwirt – »Die Zukunft Österreichs liegt in den Bergen, aber wichtiger als die Zukunft Österreichs ist mir die Zukunft Tirols« – bis zum unterkühlten akademischen Mittelschullehrer – »Das Mittelschulsystem ist die einzige Rettung vor Rauschgift, Juden, Alkohol; aber bitte mich nicht zu zitieren.« Solche Aussagen wären heute nicht mehr denkbar, die Mittelschule heißt schließlich mittlerweile Gymnasium.

Heimat großer Töchter und Söhne

Was viele bekannte Österreicher auszeichnet, ist, dass sie gar keine Österreicher sind. Mozart, Beethoven oder Ötzi – nicht geboren, nicht gelebt oder nicht gefunden auf heimischem Grund und Boden. Im Rahmen der Flüchtlingskrise hat man 2015 einige Österreicher gebeten vorzutreten und Österreich als Lebensort von Personen mit Migrationshintergrund gezeigt, unter dem Motto »Heimat bist du großer Flüchtlinge und großartiger Mitmenschen«: Es sind lokale Größen wie die Schwimmerin Mirna Jukić aus Zagreb, die Köchin Kim Sohy aus Südkorea, der ungarisch-südmährische Jazzer Joe Zawinul, der beim Ungarnaufstand nach Österreich geflüchtete Journalist Paul Lendvai oder der Kabarettist Michael Niavarani, der aus einer stinknormalen persisch-österreichisch-deutsch-amerikanisch-schwedisch-britisch-iranischen Emigrantenfamilie stammt, aber eh »hier« geboren ist. Nicht zuletzt als kulturelles und wirtschaftliches Zentrum der Habsburgermonarchie war Österreich die letzten Jahrhunderte ein Schmelztiegel. Seit Generationen ortsansässige Österreicher gibt es kaum, außer man lebt in einem inneralpinen Seitental, aus dem man seit Generationen aufgrund der Schneeverwehungen nicht herausgekommen ist.

Aus den Schneeverwehungen heraus bewegte sich Österreich übrigens selbst, als es die Gleichberechtigung der Geschlechter über die Bundeshymne transportieren wollte. »Heimat bist du großer Söhne, Volk begnadet für das Schöne«, hieß die Zeile ursprünglich. Die Aufregung war groß, als die gendergerecht in »Heimat großer Töchter und Söhne« geändert werden sollte. Der Protest war vorauszusehen, denn auch wenn die Einheimischen immer wieder lautstark Veränderungen einfordern, ändert das nichts an ihrem tiefen Glauben, dass Änderungen-einfach-nicht-gut-sind! Die schlagenden Argumente gegen die Umbenennung kann man als frauenfeindlich betrachten: es mangle an Reimen zum Wort »Töchter« oder aus dem Begriff »Söhne« könne man ohnehin schon das weibliche Geschlecht herauslesen. Ich glaube, sie beruhen vor allem darauf, dass Veränderungen den Österreichern prinzipiell Angst machen. Nach langem innenpolitischen Hickhack, unter Beteiligung des heimischen Boulevards und der florierenden Gemeinde Sankt Facebook, wurde die Textänderung der Bundeshymne 2012 per Gesetz verordnet. Übrigens hatte bereits in den 90er-Jahren die damalige Frauenministerin Johanna Dohnal versucht, eine entsprechende Textänderung durchzubringen.

Dennoch ertönt nach wie vor Jubel in den heimischen Bierzelten, wenn volkstümelnde Sänger wie Andreas Gabalier die Hymne so singen, »wie man es mit acht Jahren in der Volksschule gelernt hat«. Österreich ist durchaus, wenn es nur will, fähig zum sozialen Widerstand. Nur meistens nicht für die richtige Sache.

Dass auch die dritte Strophe verändert wurde, von »Einig lass in Brüderchören« in »Einig lass in Jubelchören«, ist kaum Gegenstand der Diskussionen, da der gemeine Österreicher ohnehin nur die erste Strophe kennt und nachher ein »naaaa-na-naaaa-na-na« trällert – und damit können Brüder als auch Schwestern gemeint sein.

Volk, begnadet für das Schöne

Ob der Österreicher tatsächlich ein Ästhet ist, darüber mag man streiten. Zwar wird das Land nicht zuletzt auch ob seiner ästhetischen Gebäude gelobt, die meisten sind allerdings schon etwas älteren Datums. Zudem galten viele dieser Bauwerke zu Zeiten ihrer Errichtung als architektonische Verfehlungen.

Wahrscheinlich sollte man bei den vielen Projekten die Bevölkerung mehr einbeziehen. Auf der anderen Seite wären viele Bauwerke nicht errichtet worden, hätte man vorher Volksabstimmungen durchgeführt. Projekte wie die Innsbrucker Bergiselschanze der Architektin Zaha Hadid oder die innovative Verschönerung der Müllverbrennungsanlage von Friedensreich Hundertwasser wären mit der plausiblen Begründung »Zu was brauch ma das?« abgeschmettert worden.

Auch das 2004 in Salzburg eröffnete Gebäude des Museums der Moderne war heftig umstritten: ein Betonwürfel, der auf dem Mönchsberg an exponierter Stelle über der Altstadt thront. Noch ist die Zeit nicht weit genug fortgeschritten, als dass das Bauwerk unumschränkt Eingang in die Herzen der Bewohner gefunden hätte. Mittlerweile akzeptieren sie, dass es im wahrsten Sinn des Wortes Dinge zwischen Himmel und geweihter Salzburger Erde gibt, die man nicht verstehen muss. Oder um es mit dem Lästerer Karl Kraus zu sagen: »Wenn die Salzburger Salzburg gebaut hätten, wäre bestenfalls Linz daraus geworden«.

Vielgerühmtes Österreich ...

Das Land hat kein Imageproblem. Das Wenige, das man von Österreich in der Regel kennt, wird auch gerühmt. Egal ob Berge, Skilehrer oder Mozart. Und auch im Land weiß man – bei allem Raunzen – um die Qualitäten.

Die Österreicher lieben ihre Berge. Auch wenn sie sich, allen voran die Ostösterreicher, nur selten selbst dort aufhalten. Viel lieber sehen sie sich heutzutage von zu Hause aus an, wie Landsleute stellvertretend die Pisten runterfahren oder mit elektronischen Musikinstrumenten auf der Almwiese herumstehen und so tun, als würden sie singen. Tatsächlich tummeln sich in den Alpen weitaus mehr Touristen als Einheimische. Kein Grund jedoch, nicht stolz auf »unsere« Berge zu blicken. Man findet ja auch den Mars cool, ohne jemals dort gewesen zu sein.

Ins Land eineschau'n – die Vermessung Österreichs

Um zu beurteilen, ob das Land von innen größer aussieht, als es tatsächlich ist, muss man es genau vermessen. Dazu benötigt man einen Zollstab und viel Tagesfreizeit. Ergibt: Der Umfang Österreichs beträgt 2706 Kilometer, das Stückchen Bodensee nicht mitgerechnet, der Vermesser wollte wahrscheinlich nicht nass werden. Bei der aufgrund der Flüchtlingskrise entfachten Diskussion um innereuropäische Grenzzäune sprach man also auch von 2706 Kilometer Maschendraht und einer Menge Pfosten und Schrauben, die man erst mal im Baumarkt suchen müsste.

Wenn man Österreich von Norden nach Süden mit einem Fahrzeug durchqueren will, so stößt man in der Mitte auf einen harten Gegenstand: die Alpen. Sie durchziehen einen Großteil des Landes, sodass man sich ein wenig anstrengen muss, wenn man seine Verwandten in einem transalpinen Teil des Landes besuchen möchte. Man kann sie entweder »weit umfahren«, »auffi am Berg« oder »dreint« durch den Felsen durch. Wobei ein dafür vorgesehener Tunnel nicht nur mit Sprengstoff erschaffen wird, sondern oft auch für Sprengstoff sorgt.

Berge, wohin das Auge reicht

Da sich drei Viertel der Fläche Österreichs auf die Vertikale verteilen und das Anbringen von Häusern an steilen Felswänden äußerst kompliziert ist, findet man die Bevölkerung vor allem in flachen Gebieten. Die Berge sind im globalen Vergleich von bescheidener Größe, aber für Mitteleuropa durchaus ansehnlich. Auch dass der Großglockner mit 3798 Metern (gemessen in der Früh, nach dem Aufstehen) niedriger ist als die Schweizer Alpengipfel, stört nicht weiter. Wichtig ist, dass er bedeutend höher ist als die Zugspitze der Deutschen.

Allerdings sorgen die vielen Berge, Seen, Flüsse und Ebenen für unberechenbares Wetter, eine gern hervorgebrachte Entschuldigung der österreichischen Meteorologen für ihre ungenauen Vorhersagen. Die holländischen Wetterfrösche haben es da leichter: einfach mal kurz in Richtung Meer blicken und die Prognose für die kommenden Monate steht. Wobei, die Vorhersage »Regen« gilt bei uns eigentlich zuverlässig – wenn auch unter Umständen nur für ein kleines Seitental in der Steiermark.

Die Alpen umfassen rund zwei Drittel Österreichs, es ist also legitim, von einer »Alpenrepublik« zu sprechen, auch wenn sich zum einen die Bewohner des flachen Ostens, rund um den Neusiedlersee, wohl kaum als Bergbewohner betrachten. Zum anderen leben außerdem nur sechs Prozent aller Österreicher über 800 Höhenmetern und mehr als die Hälfte unter 500 Metern. Ein »Bergvolk« im klassischen Sinn sind wir also nicht. Eher ein Rund-um-die-Berge-Volk.

Wenn Österreich nicht so senkrecht wäre, hätten wir mehr Platz!

Österreich ist im wahrsten Sinn des Wortes das gewichtigste Land Europas. Wir haben hochalpinen Hüftspeck dank der schweren Alpen und kommen auf ein Gesamtgewicht von 9,4 Billiarden Tonnen. Es wäre nun verlockend zu behaupten, Österreich sei ja in Wirklichkeit deutlich größer als Deutschland, man müsse nur die Berge plattwalzen. Doch diese Rechnung geht leider nicht auf, wie wir dank der Rechenkünste einiger klugen Köpfe wissen.

Immerhin kann man hierzulande eine geraume Zeit senkrecht unterwegs sein. Die Länge der Wege und Steige, mit denen die Österreicher die Alpen erschließen, beträgt satte 50 000 Kilometer. Vor allem zwei große Organisationen, der »Alpenverein« und die »Naturfreunde«, überbieten sich gegenseitig dabei, das Wegenetz ständig zu erweitern und zu warten. Womit wir wieder bei der historischen Aufteilung des Landes in rot und schwarz wären: Während der »Alpenverein« dem konservativen Lager angehört, gelten die »Naturfreunde« als sozialistisch. Für Laien mögen die Wege gleich aussehen, der Profi jedoch erkennt anhand der Markierungen eine politische Botschaft auf jedem Rastplatz.

Auffi am Berg – am besten mit dem Auto

Wie bereits erwähnt, lieben die Österreicher ihre Berge. Noch mehr lieben sie ihre Autos. Im Hinblick auf den Verwachsungsgrad mit dem fahrbaren Untersatz stehen wir den USA kaum nach. In keinem Land der Welt fährt man so gerne mit dem Auto zu McDonald's, bestellt sein Essen so häufig per Drive-in-Schalter und verzehrt es so gerne in den eigenen vier Fahrzeugwänden direkt auf dem Parkplatz. Das ist Freiheit.

Auch muss man nicht einmal aus dem Auto steigen, um in Österreich das wunderbare Bergpanorama und die saftigen Almwiesen zu sehen. Die Drive-in-Kultur hat schon in den 30er-Jahren des vorigen Jahrhunderts großen Anklang gefunden.

Großglockner-Hochalpenstraße

Im autoritären Regime Dollfuß beschloss man, zwecks Arbeitsplatzbeschaffung die Straßenbauprogramme voranzutreiben. Und man versuchte auch potentiell zahlungskräftige Automobil-Touristen anzulocken, indem man die Strecken an Seen und Bergen vorbeiführte. Damals wurde vom Salzburgerischen Bruck bis ins Kärntnerische Heiligenblut die heute noch höchste befestigte Passstraße Österreichs errichtet. 1935 wurde die Großglockner-Hochalpenstraße mit einer Gesamtlänge von fast 50 Kilometern fertiggestellt. Heute bringen 270 000 Fahrzeuge rund 1 Million Touristen jährlich den Pass hinauf. Das Hochtor, auf das die Alpenstraße führt, liegt auf beachtlichen 2504 Metern. Ein Ausflug auf die legendäre Passstraße war noch vor einigen Jahrzehnten ein Fixpunkt vieler Österreicher beim Bereisen des eigenen Landes mit den eigenen vier Rädern. In den 1970ern gehörten weiß qualmende Fahrzeuge mit geöffneter Motorhaube am Straßenrand genauso zum Idyll der Hochalpenstraße wie die Kühe, die dieses seltsame Schauspiel betrachteten. Man war stolz. Allein verreisen zu können, mit dem eigenen Auto und dazu noch auf solch abenteuerlichen Routen. Nach der Besteigung des Passes mit dem Fahrzeug klebte man sich einen Aufkleber auf die Heckklappe:»I did the Glockner!«

Heutzutage beeindruckt es niemanden mehr, wenn man mit seiner 200-PS-Turbodiesel-Hybrid-Schüssel über eine Bergstraße fährt. Wer heute mit berechtigtem Stolz berichten will, »über den Glockner« gefahren zu sein, muss die Strecke zumindest mit dem Fahrrad zurücklegen. Das mag gesünder und ökologischer sein. Doch die Tour, bei der man mit knappen 30 Sachen Kurve um Kurve erklomm und immer wieder eine Pause zum Auskühlen des Motors einlegen musste, war irgendwie beschaulicher. Nun ist sie einem beängstigenden Ehrgeiz gewichen und oben auf dem Glockner verspürt man mehr Hektik als früher.

Neben der Gewissheit, sich am höchsten Berg zu befinden (wenn auch nicht am Gipfel), die Murmeltiere und unberührte Natur hinter den Autoscheiben, gibt es einen weiteren Grund, warum man auf den vier Rädern derart weit hinaufstrebt: die Pasterze. Der größte Gletscher Österreichs mit stattlichen acht Kilometern Länge. Von der Franz-Josefs-Höhe kann man nach der sportlichen Autofahrt direkt vom Parkplatz in die Standseilbahn steigen. Sie bringt einen dann auf das Gletscherniveau. 1963, zur Eröffnung der Bahn, lag die Talstation an der Gletscherzunge, heute muss man von der Bergstation noch 300 Meter bis zum Eis gehen. Immerhin 300 Meter zu Fuß. Dank an den Klimawandel für mehr Bewegung.

Der weltweit höchste Berg von Wien

Es gibt noch ein Projekt, das hoch hinaus führt, vielleicht nicht ganz so hoch hinauf. Aber immerhin auf den weltweit höchsten Berg von Wien: die Höhenstraße. Auch sie verdanken wir letztlich der Beschaffung von Arbeitsplätzen in den 1930ern, sie wurde in einem

Kraftakt fertiggestellt. Heute kann man auf einem zum Teil asphaltierten, zum Teil in Pflasterbauweise angelegten breiten Highway durch den Wienerwald zu einem der nettesten Aussichtspunkte der Stadt fahren. Natürlich würde es ein kleiner Weg auch tun, aber der hätte damals nicht so viel Arbeit gemacht.

Du, Hofrat!

Was im Tal funktioniert, klappt am Berg nicht. Und da Österreich zu einem guten Teil aufrecht steht, müssen sich die Bewohner da anpassen. Am Berg weichen selbst als unumstößlich geltende Regeln auf. So gibt es auf der Alm keine Sünde und damit auch keine Titel. Ab 1000 Höhenmetern ist man per Du.

Warum ist das so? Wahrscheinlich sind ganz praktische Erfahrungswerte der Grund. Viele ließen vermutlich ihr Leben in den Felswänden, nachdem sie in höchster Not ihren Bergkameraden zu Hilfe gerufen hatten mit einem:»Sehr geehrter Herr Professor h.c. Hofrat DDr. Mag. Hinterholzegger«, und sie dann die Kraft verließ und in die Tiefe stürzten. Ein saloppes»Hinti, ziag mi auffi!«war da effizienter. Und da ein waschechter Österreicher einen Sturz aus 999 Metern noch überlebt, hat man sich auf die 1000 Meter-Grenze geeinigt. So muss es wohl gewesen sein.

Am Berg begegnet sich jedermann und jederfrau mit»Griaß di!«, im Flachland hat diese alpine Fraternisierung keinerlei Gültigkeit. Schon wenn die Bergabfahrer in der Talstation schnaufend aus der Gondel steigen, tritt das förmliche»Sie«wieder auf den Plan, mit all den Titeln und all den Sünden.

Transitland Österreich

Viele kennen Österreich nur vom »Hörensagen«, viel mehr nur vom »Durchfahren«. Das Mittelmeer vor Augen, lassen sie das Land gerne links und rechts liegen, lernen vielleicht gerade noch die eine oder andere heimische Autobahnraststätte kennen. Mittlerweile ist Österreich Transitland in alle Richtungen. Aus dem Norden kommen Waren und Touristen, die nicht für Österreich bestimmt sind, aus dem Süden Flüchtlinge, die auch nur durchwollen und dann weiter nach Norden, den Touristen entgegen. Es ist fraglich, ob wir auf den Titel stolz sein sollen: Europas Transitland Nummer 1. Von den 10 Millionen LKWs, die jährlich über die Alpenpässe donnern, nehmen 60 Prozent die Route über Österreich, vor allem über den Brenner. Obwohl die Lasten zunehmend auch per Zug transportiert werden, erfolgt gerade mal ein Drittel des Güterverkehrs auf der Schiene. In der Schweiz sind es fast zwei Drittel.

Österreich ist Mitglied der Europäischen Union und strebt damit auch eine »gemeinsame Verkehrspolitik« an. Für Österreich bedeutet es, dass die EU-Länder »gemeinsam« den Verkehr bilden, der hier durchdonnert. Österreich protestierte zwar immer wieder gegen die zunehmende Verkehrslast mit einem geharnischten »Das ist aber ur unfair!«, doch die EU-Verkehrsminister haben sich Anfang des neuen Jahrtausends darauf geeinigt, auch weiterhin die praktischen Routen durch die schöne Landschaft zu nutzen und die mengenmäßigen Beschränkung der Transitfahrten aufzuheben. Schließlich sind die Übergangsregelungen für den Transit vorbei und damit auch die Extrawürste, die man als kleines Land von den anderen Mitgliedsstaaten einfordern könnte.

Dass dies dem Erreichen der vereinbarten Klimaziele nicht allzu zuträglich ist und den CO_2-Ausstoß zumindest nicht senkt, ist klar. Auch wenn die Frächter aufklären, dass CO_2 ein natürliches Gas ist, das sowohl von Menschen als auch von niedlichen Hasen und Rehen produziert wird. Die Bäume benötigen sogar CO_2, nur so können sie Sauerstoff produzieren; es ist also schon fast ein Gebot der Stunde, vermehrt LKWs durch die Wälder Tirols zu schicken.

Dennoch werde man sich bemühen, ausschließlich LKWs auf die Straßen zu lassen, die nachweislich nur mit Wasser und Nelkenöl betrieben werden. Der VW-Konzern erklärte sich bereit, die entsprechenden Abgastests durchzuführen.

Da die Prognosen der OECD von einer Verdreifachung des Güterverkehrs in Europa bis zum Jahr 2050 ausgehen, wird das Brennertal bis dahin wohl recht intensiv nach Nelkenöl riechen.

Österreich ist im Weg

Vom Montblanc-Massiv im Westen bis zur Wiener Pforte im Osten stellt sich eine gewaltige Felsmasse den Bedürfnissen der Wirtschaft entgegen. Mit dem malerischen Begriff »Alpenrouten«, der an ein wild-romantisches Bergerlebnis erinnert, werden Straßen bezeichnet, auf denen tonnenschwere Lastkraftwagen Stoßstange an Stoßstange über und durch die Alpen fahren: Die Brennerroute, die Tauernroute, die Pyrnroute oder die Semmeringroute bringen, wie wir annehmen dürfen, Gouda von Holland nach Griechenland und Olivenöl von Griechenland nach Holland. Das ist nur zum Teil richtig. Denn im LKW Richtung Griechenland befindet sich das aus Griechenland stammende, jedoch in Holland mit Schraubverschlüssen versehene Olivenöl. Dieses wird anschließend als original griechisches Olivenöl nach Holland verfrachtet. Der LKW Richtung Holland transportiert hingegen den in Holland gereiften, jedoch von den Griechen verpackten Gouda wieder zurück nach Holland, um von dort aus postwendend per LKW nach Griechenland verfrachtet zu werden, wo man sich den teuren ausländischen Käse mit seiner ansprechenden Verpackung leider nicht leisten kann.

Am Brennerpass winken die Fahrer einander zu oder verzehren gemeinsam an einer italienischen Tankstelle eine original italienische Pizzaschnitte, die ihr Kollege mit dem Tiefkühltransporter gerade aus der Ukraine abgeholt hat.

Fassungslos stehen die in Tirol seit dem Mittelalter aktiven Schützen, die sich der Verteidigung der Heimat verschrieben haben, neben den Autobahnen. Die rund 230 bestehenden Schützenkompanien haben sich angesichts der Übermacht eines Sattelschleppers auf die eher symbolische Traditionspflege zurückgezogen, zumal es in der EU nicht allzu gerne gesehen wird, wenn man mit historischen Gewehren auf vorbeifahrende Lastwägen ballert.

Brenner Basistunnel

Das Schlagwort »Brenner-Basistunnel« geistert in den österreichischen Medien herum, seit es österreichische Medien gibt. Ich wage sogar zu behaupten, dass bereits bei der Gründung der »Presse« im Jahr 1848 überlegt wurde, die Pferdekutschen durch eine Tunnelröhre zu lotsen. Ab dem Jahr 2026 sollen in den beiden Tunnelröhren zwischen dem Nordtiroler Innsbruck und dem 55 Kilometer entfernten Südtiroler Franzensfeste Züge fahren. Man hofft damit auf eine Verlagerung des Verkehrs und blickt vergleichend in die Schweiz, ob es der 2016 in Betrieb gehende Gotthard-Basistunnel schafft, die Lastwägen auf die Schiene und damit in den Berg hinein zu verfrachten.

Umweltschützer haben also nur die Wahl zwischen Pest und Cholera, in heutiger Diktion also zwischen Gurkenpest und Ebola. Denn die Umweltverträglichkeit eines derartigen Projektes ist fraglich und die Korruption dürfte schon vor Baubeginn munter voranschreiten. Nicht, weil es in Österreich so etwas wie Korruption gibt, sondern weil ja am anderen Ende der Röhre die Italiener sitzen.

Am liebsten mit dem Auto!

Als Kind dachte ich, Österreich wäre ein Auto. Mein Großvater besaß nämlich eine Straßenkarte aus den 60er-Jahren, auf der der Umriss des Landes als Karosserie dargestellt war: unten die Reifen dran, die Scheinwerfer auf Vorarlberg montiert, in Tirol eine Antenne steckend und aus dem Burgenland ragte ein Auspuff, der Ungarn einnebelte. So konnte ich mir die Kontur von Österreich einprägen und meine Heimat war für mich stets mit dem Automobil verknüpft.

Jedem Österreicher seine Straße

Und das war auch gar nicht so daneben. Um dem Wirtschaftswunderland Österreich gerecht zu werden, wurde das Land nicht urbar, sondern fuhrbar gemacht. Jeder Einwohner verfügt mittlerweile statistisch gesehen über 15 Meter Straße und damit über mehr als jeder andere Europäer. Was nicht bedeutet, dass er über diese 15 Meter frei verfügen darf.

Es ist mehr ein glücklicher Zufall, dass einige grandiose Ideen nicht verwirklicht werden konnten, etwa die Westautobahn bis zum Karlsplatz in die Stadtmitte Wiens zu ziehen. Österreich ist seit Jahrzehnten ein traditionelles Autoland. Und bis in die 90er-Jahre stand es bei der Entscheidung zwischen »Schnellstraße« oder »letzter Rückzugsort für die seltenen Haubentaucher« nicht zwangsläufig auf der Seite des Vogels.

Rund 530 Fahrzeuge kommen im Schnitt auf 1000 Bewohner und damit mehr als in Deutschland, Frankreich oder den motorbegeisterten USA. Mitgezählt sind Minderjährige, die noch nicht fahren dürfen und 100-Jährige, die nicht mehr fahren sollten.

Viele Bewohner lieben ihre Autos und behandeln sie in der Regel pfleglicher als sich selbst. Sie sehen es als weiteres Familienmitglied, dem man allzu gerne eine beheizte Garage zur Verfügung stellt, die größer ist als alle Kinderzimmer zusammen. Jeder fünfte Österreicher gibt seinem Fahrzeug auch einen Namen wie Rakete, Flitzer, Baby oder Kraxn.

In der zweiten Hälfte des 20. Jahrhunderts begann der wirtschaftliche Aufschwung. Und da es sich zu Fuß nicht so elegant aufschwingen lässt, wurde das Auto zum Statussymbol. Bereits Anfang der

50er-Jahre verdoppelte sich binnen weniger Jahre die Zahl der zugelassenen Fahrzeuge. Man musste die Stadt bereit machen für die neuen Bewohner: die Autos. Daher versuchten die Stadtplaner so gut es ging, alle anderen von der Straße zu verbannen oder unter die Erde zu bringen, zum Beispiel durch große Fußgängerunterführungen.

In meinen Kindertagen war es noch üblich, dass am Wochenende die Hecke gestutzt, die Gartenzwerge im Vorgarten umgruppiert und das Auto gründlich mit Seifenwasser gewaschen und anschließend liebevoll mit Wachs poliert wurde. Die Nachbarn trafen sich auf der Straße und das graue Seifenwasser floss den Rinnsal entlang in den nächsten Kanaldeckel. Und wir wussten: Hier beim Auto beginnt die Donau. So mancher hüllte sein Fahrzeug in einen Schonbezug, eine wetterfeste Abdeckung mit Reißverschluss, unter der ein Auto hätte sein können, jedoch – wie bei Schrödingers Katze – der Wahrscheinlichkeit nach genauso gut aber auch keines. Damals versteckte der Österreicher noch viele andere Dinge unter Schonbezügen, wie das Sofa oder den Ehepartner, sodass dies eher eine generelle Zeiterscheinung gewesen sein dürfte denn ein autospezifischer Trend.

Die Ölkrise, der autofreie Tag, die Energieferien
Dramatisch wurde es, als die Österreicher Anfang der 1970er-Jahre wegen der Ölkrise ihre geliebten Autos stehen lassen mussten. Als nach dem israelisch-arabischen Jom-Kippur-Krieg der Welt der Ölhahn zugedreht wurde, wurde es still auf den heimischen Autobahnen. Die europäischen Bürger reagierten mit Hamsterkäufen, ihre Regierungen mit dem autofreien Sonntag.

Da die heimische Politik ihren Bürgern nicht zumuten wollte, ihre Sonntagsspaziergänge zu Fuß bewältigen zu müssen, führte Handelsminister Josef Staribacher einen verpflichtenden »Wunschtag« pro Woche ein. Der Autofahrer musste nun per Aufkleber an der Windschutzscheibe einen Tag kenntlich machen, an dem er den Wagen nicht in Betrieb nehmen durfte.

Manche Männer wollten auch an ihren Wunschtagen nicht auf den fahrenden Untersatz verzichten und ließen sich von ihren Frauen schieben. Schließlich waren die Autos noch leicht, die Freude, drin zu sitzen, groß und die Frauen vor der Familienrechtsreform 1975 noch quasi Eigentum ihrer Gatten. Etwas Betuchtere konnten ihre zwei Fahrzeuge mit unterschiedlichen Tagesklebern versehen, sodass sich für sie kein Nachteil ergab. Der Spuk dauerte etwa einen Monat, die Kleber aber schmückten viele Windschutzscheiben noch über Jahre. Sie blieben ebenso hängen wie Staribachers neuer Spitzname, den er seinem Vorgehen zu verdanken hatte: Pickerl-Pepi.

Zur Freude der Schüler wurden auch die Schulen im Winter eine Woche lang geschlossen, um Heizkosten und damit Öl zu sparen. Die »Energieferien« waren geboren. Heute werden die Schulen meist mit anderen Energiearten beheizt. Da aber sowohl Schüler als auch Lehrer und der Wintersporttourismus die nett gewonnene Tradition nicht missen wollten, blieben uns die nun in »Semesterferien« umbenannten Urlaubstage erhalten. Übrigens auch die einige Jahre später eingeführte und heute eher ungeliebte Umstellung der Uhren auf die Sommerzeit – zur »besseren Nutzung des Tageslichtes«.

Damals beschloss man auch, dass die Amtsräume des Bundes nicht wärmer geheizt werden dürften als 20 Grad. Das Parlament war davon nicht betroffen, die dort traditionell produzierte heiße Luft sorgte für ausreichend Wärme. Ein weiterer wichtiger Vorschlag kam von Bundeskanzler Bruno Kreisky: Er bat seine männlichen Mitösterreicher, sich aufgrund des Ölmangels »nass« statt »elektrisch« zu rasieren.

Zudem versuchte Kreisky in der schwierigen wirtschaftlichen Zeit durch »deficit spending«, also höhere Staatsverschuldung, Geld in die Wirtschaft zu pumpen. Tatsächlich stöhnte das Budget unter der Last, die Arbeitslosenzahlen blieben jedoch im internationalen Vergleich gering. Die legendäre Aussage des brummelnden Politikers entzweit das Land noch heute: »Und wenn mich einer fragt, wie denn das mit den Schulden ist, dann sage ich ihm das, was ich immer wieder sage: dass mir ein paar Milliarden Schulden weniger schlaflose Nächte bereiten als mir ein paar hunderttausend Arbeitslose mehr bereiten würden.« Hat er das moralisch einzig Richtige getan oder schlicht das Familiensilber verhökert und den nachfolgenden Generationen einen Schuldenberg vererbt?

Nach der Ölkrise ist vor der Ölkrise
Die Ölkrise ist lange vorbei und die Welt möchte erst ab 2050 aus der fossilen Energie aussteigen. Zeit genug also, um hierzulande noch kräftig Gas zu geben. Sechs von zehn Wegen absolvieren die Österreicher per Auto. Und obwohl immer mehr Flächen mit roter bzw. grüner Farbe bemalt und als Radwege gekennzeichnet werden, liegt der Anteil der Radfahrer in Wien bei gerade mal sechs Prozent – und das ist nicht zuletzt im Vergleich mit Kopenhagens 40 Prozent beschämend niedrig.

Die Südosttangente, die das Stadtgebiet Wiens schon längst nicht mehr tangential streift, sondern sich mittendurch zieht, gilt als eine der meistbefahrenen Straßen Europas und auch als »größter Parkplatz Österreichs« der kilometerlangen Staus zu Stoßzeiten.

Da Autos immer größer werden, man könnte mit einem Kleinwagen aus den 70ern heute mühelos im Fond eines heutigen SUV parken, wird es eng auf den Parkplätzen. Bemerkenswert ist, dass, laut »Verkehrsclub Österreich«, von den Neuzulassungen 2015 mehr als jedes fünfte Fahrzeug in den Bobo-Bezirken Wiens ein spritfressender SUV ist. Irgendwie auch verständlich, angesichts der fast schon hochgebirgsartigen Straßenverhältnisse der Stadt.

Wie eine zweite Stadt über der Stadt logieren die stolzen SUV-Besitzer in neu errichteten Wohnungen, die auf den alten Mietshäusern thronen, und sorgen dafür, dass neue Parkgelegenheiten gebaut werden. Dies geht auf die alte »Reichsgaragenverordnung« Adolf Hitlers zurück: Jede Wohnung und jeder Betrieb braucht einen eigenen Stellplatz. Generell gehen die Bauordnungen der österreichischen Bundesländer auf das alte Gesetz zurück, das dafür sorgen sollte, die neuen Volkswägen unterzubringen. In Tirol müssen sogar drei Plätze pro Wohnung geschaffen werden. Die armen Tiroler sind also genötigt, nun drei Autos zu kaufen, selbst wenn sie nicht einmal eines brauchen.

Nur in Oberösterreich ist auch Zahl und Art der Fahrrad-Abstellplätze geregelt. Überraschenderweise sind Parkmöglichkeiten für Dreiräder noch nicht gesetzlich vorgeschrieben.

Die meisten Orte Österreichs sind sehr autofreundlich gebaut. Stellplätze gehen in der Regel vor Grünfläche. Der Verkehrsexperte Hermann Knoflacher weiß, warum:»Das Auto will eine für das Auto angenehme Umwelt. Wenn Menschen vom AutoVirus befallen sind, sehen sie die Welt so, wie es das Auto gerne hätte.« Erst müsse man eine autofreie Umgebung erzeugen, dann erst könnten die Menschen leichter auf das Auto verzichten.

Wien probiert das aus. Das U-Bahn-Netz ist derart dicht, dass man in einer Viertelstunde von A nach B gelangt. So lange braucht man im Normalfall, um an Ort B einen Parkplatz zu finden. Außerdem ist die Bundeshauptstadt eine fast flächendeckende Kurzparkzone. Damit sollen vor allem die Pendler in die öffentlichen Verkehrsmittel gelockt werden. Hier kann man es nämlich dem U-Bahn-Fahrer überlassen, am Ziel eine Parkgelegenheit für die Zuggarnitur zu finden.

Politikum Auto
Mit dem Thema»Autos« lassen sich Wähler gewinnen. Wer den Autofahrern aber ans Bein pinkelt, begeht einen politischen Selbstmordversuch. Parkplätze zugunsten eines Radweges opfern? Geht gar nicht. Den Preis für die Autobahnvignette oder für den Treibstoff erhöhen? Klarer Angriff auf die Grundrechte. Leider mit 150 Stundenkilometern im Ortsgebiet geblitzt worden? Überwachungsdiktatur! Die Wiener Ringstraße wird für eine Veranstaltung gesperrt, bei der die Stadt zeigen kann, dass sie mehr zu bieten hat als bauliche

Sehenswürdigkeiten? Der Volkszorn brodelt. Angeheizt von den Boulevardblättern, die Kerkerhaft für jene fordern, die sich dem Automobil mit einem Tretroller entgegenstellen. Fußgängerzonen wie die 2015 fertiggestellte Wiener Mariahilfer Straße gäbe es nicht ohne das unpopuläre und trickreiche Vorpreschen der Wiener Grünen. Wie sieht es aus mit Fahrgemeinschaften? Damit, das Auto mit anderen zu teilen? Empfinden zwei Drittel aller Österreicher als in etwa so intim, wie gemeinsam eine Zahnbürste zu benutzen.

Seelenverwandtes Fahrgestell

»Auto« bedeutet für Österreicher Unabhängigkeit. Und so ist es sicher auch in manch entlegenen Gegenden, in denen das öffentliche Verkehrsnetz ersatzlos gestrichen wurde. In den Ballungszentren hingegen lässt sich die grenzenlose Freiheit des Autofahrens nur schwer ausleben, was die heimischen Lenker ganz schön frustriert.

Vieles behindert die Autofahrer, also Grüne, Fußgänger, Radfahrer, Bauarbeiter, kleine Tiere, die die Fahrbahn queren, oder Polizisten, die am alljährlichen GTI-Treff rund um den Wörthersee als Spaßbremsen fungieren. Am meisten ärgern den österreichischen Autofahrer die anderen Autofahrer. Laut ÖAMTC (Österreichischer Automobil-, Motorrad- und Touringclub) ärgern sich vier von zehn Lenkern täglich »sehr über die anderen«. Anlass sind deren Verfehlungen. Es ist natürlich die Pflicht eines österreichischen Autofahrers, andere auf ihre fahrlichen Verfehlungen aufmerksam zu machen. Selbst wenn er dafür ein kleines Verkehrschaos provozieren muss. Wer zu weit in die Kreuzung eingefahren ist und damit möglicherweise andere Verkehrsteilnehmer gefährden könnte, muss damit rechnen, dass einer dieser anderen Verkehrsteilnehmer aufs Gas tritt, um knapp vor seiner Motorhaube hupend abzubremsen. So lässt sich die Gefahr der Verfehlung veranschaulichen. Wenn's kracht, ist man nicht schuld – denn man hat es ja vorher gesagt!

Acht plus ein Königreich

Österreich hat den gewissen Mehrwert. Wie bei einer russischen Matroschka-Puppe befinden sich neun voneinander weitgehend unabhängig agierende Königreiche innerhalb der engen Staatsgrenzen. Das macht Sinn, denn damit werden neun zusätzliche Arbeitsplätze für Landeshauptleute geschaffen. Es gibt also den Bund und die neun Länder, beziehungsweise acht plus Wien, das gleichzeitig Bundeshauptstadt und Land ist, was die Sache nicht vereinfacht.

Wien

So mancher Tourist ist erstaunt über die imposanten Bauwerke und die Größe Wiens, in Anbetracht der doch eher kleinen Nation Österreich. So viel Stadt für so wenig Land! Immerhin ist Wien größer als die 44 größten Gemeinden Österreichs zusammengenommen.

Dass man mit einem Schlag von der Metropole eines großen Vielvölkerreiches zur Hauptstadt eines Kleinstaates geworden war, überraschte auch die Wiener. Sie mussten nach Beendigung des Ersten Weltkrieges die Residenzstadt der Habsburger, die zur Verwaltung der riesigen Donaumonarchie ausgelegt war, neu strukturieren. Da in den Jahren zuvor auch viele Landbewohner und Kriegsflüchtlinge in die Stadt gezogen waren, wurde Wien als allzu großer »Wasserkopf« Österreichs empfunden. Den Begriff verwendet heute noch, wer sich von der Bundeshauptstadt verwaltungstechnisch übervorteilt fühlt. So fordert etwa der Tiroler Bauernbund, den »Wasserkopf Wien zu entwässern«. Immerhin würde die Hälfte der 462 000 Bundesbediensteten in Wien arbeiten, obwohl nur 20 Prozent der Bevölkerung in der Hauptstadt leben würden. Im Zeitalter der Vernetzung sollte es möglich sein, die Dienstleistungen des Bundes zu regionalisieren.

Wien und der Rest

Im Gegensatz zum internationalen Bild, das man von den Wienern hat, bzw. das die Wiener gezielt verbreiten, haben die Bewohner der Hauptstadt innerhalb der Landesgrenzen nicht den besten Ruf. Sie gelten als überheblich, grantig, rechthaberisch und äußerst tollpatschig im Umgang mit der Natur. Wenn man als Wiener eine dreispurige Schnellstraße auf einen Pass hinaufgefahren ist, kann es sein, dass man von einem Bewohner des Passes zu hören bekommt: »Für einen Wiener gar nicht schlecht!« Ein zweifelhaftes Lob.

Tatsächlich lacht man sich in den westlichen Bundesländern schief, wenn die Stadt auf die erste und oft auch einzige Schneeflocke, die die Bevölkerung jedes Jahr im Dezember aus heiterem Himmel überrascht, mit einem Verkehrschaos reagiert und die komplette Metropole zum Erliegen kommt. »De Weana Bazi« (»Die Wiener Gauner«), denkt sich der Tiroler Bergbauer, der mit seinem PKW durch kilometerhohe Schneewechten auf das Stanser Joch fährt »De Weana Bazi und die Naturrrr – desch pascht nit zamm!«

Über Jahrzehnte mussten sich die unzureichend für das Gelände gewappneten Halbschuh-Touristen aus dem Flachland von der Bergrettung aus dem Latschenfeld befreien lassen und wurden zum Gaudium der lokalen Bevölkerung (und vermeintlich zum Trost) mit Zirbengeist abgefüllt und wieder ins Flachland geschickt. Mittlerweile sind die Wiener besser ausgerüstet als viele im alpinen Gebiet Beheimatete. Man erkennt sie nicht mehr daran, zu mangelhaft, sondern zu professionell ausgerüstet zu sein. Wenn sie einen einfachen Klettersteig mit einem Equipment begehen, das eigentlich für den Nanga Parbat vorgesehen ist, geben sich die Wiener als solche zu erkennen. Allein die Kondition wurde oft im Flachland vergessen und so muss auch heute wieder der mit Goretex-Expeditionsdaunenjacke, Steigeisen mit Climbing-Technologie, Not-Eispickel, Ein-Mann-Biwak und GPS-Lawinen-Airbag ausgestattete Diener von der Bergrettung aus dem Latschenfeld befreit, zum Trost mit Zirbengeist abgefüllt und ins Flachland geschickt werden.

Die Wiener sprechen von den Bundesländern liebevoll abschätzig als Provinz und bezeichnen deren Bewohner noch liebevoller als »Gscherte«. Die »Geschorenen«, möglicherweise eine ältere Bezeichnung für die Unfreien und Bauern, reagieren schlagfertig, indem sie die Wiener ebenfalls als »Gscherte« bezeichnen, möglicherweise eine ältere Bezeichnung für die aufgrund der Läuseplage Kurz- und Kahlgeschorenen. Je weiter man sich Wien entfernt, desto stärker scheint das Bild von den »Großkopferten«, also den Bürgern der Wasserkopfstadt vorzuherrschen. Wien ist schon »Balkan« und die Wiener würden an der frischen Luft nicht einmal einen einzigen Tag überleben, heißt es.

Mürrische Wiener

Viele Wiener, die eine Zeit lang im Ausland gelebt haben und wieder in einer Wiener U-Bahn Platz nehmen, erleiden einen Kulturschock. Lauter unfreundliche »mürrische Leut'« und »unnediche Gfriesa« (nicht zu gebrauchende Gesichter bzw. Gestalten), klagen die Heimkehrer aus der bunten, lachenden Welt.

Zugegeben: Der griechische Strand ist eine andere Welt. Eine, die frei ist von Hektik, voll von Sand und am Meer beschaulich dösenden griechischen Fischern, denen man nicht ansieht, dass sie pleite und verzweifelt sind, da die letzten 24 Stunden kein einziger Fisch, dafür drei Flüchtlinge angebissen haben. Ganz zu schweigen vom stets gut gelaunten Animateur, der zuvor ein paar Viagras für das Dauergrinsen eingeworfen hat, und ganz zu schweigen von den Folklore-Gruppen, die für die Touristen tanzen und dabei einen vorgetäuschten Enthusiasmus nach dem anderen haben. Auf dem Campingplatz verschmelzen die Menschen durch Hitze und Untätigkeit mit ihren Klappsesseln, sodass selbst der grantigste Mensch ganz friedlich aussieht.

Zurück in der heimischen U-Bahn ist alles ganz anders. Man erblickt ausschließlich blasse, traurige, mürrische Menschen, die in blasse, traurige, mürrische Gesichter zurückblicken müssen. Die meisten kennen diesen Coming-home-Blues, man idealisiert die Ferne, macht die Heimat etwas schlechter. Tatsächlich kenne ich jedoch kaum eine Metropole, in der die Menschen frühmorgens jauchzend U-Bahn fahren. Die Schweden feiern nicht tagtäglich ihr Midsommar und in Paris habe ich die Franzosen noch nie gemeinsam die Marseillaise auf dem Weg zur Arbeit singen hören. Ganz zu schweigen von den Münchnern, den Zürichern und den Berlinern, ja nicht einmal die lebensbejahenden Italiener blicken in den U-Bahnen von ihren Smartphones auf. Und als ich vor einigen Jahren in Harlem unterwegs war, hellte kein einziger Gospelchor die Stimmung in der Subway auf. Es ist ein tristes Einerlei in den U-Bahnschächten dieser Welt. Wien ist da genauso gut oder schlecht wie seine europäischen Nachbarn und die USA. Und Walzermusik wird – abgesehen von der öffentlichen Toilette am Wiener Karlsplatz – auch in der Wiener U-Bahn nicht gespielt.

Österreich zum Verweilen

Österreich hat jedem Geschmack etwas zu bieten. Auch dem schlechten. Und dem schrägen, wie der Ortstafel-Tourismus zeigt.

Bad Fucking

Jugendliche biegen sich vor Lachen, wenn sie den Routenplaner eine Fahrt von den bayrischen Ortschaften »Kissing« und »Petting« bis ins oberösterreichische »Fucking« berechnen lassen – mit und ohne Verkehr. Besondere Berühmtheit erlangte das oberösterreichische Fucking im Innviertel. Es zieht vor allem englischsprachige Gäste an, die jedoch selten in der Ortschaft nächtigen und lieber schmutzig grinsend am Ortseingang ein Selfie knipsen. Mehr als ein Dutzend Mal wurden die lokalen Ortstafeln von Souvenirjägern mitgenommen. Es soll sogar Menschen geben, die extra wegen der lustigen Ortsnamen lange Anreisen auf sich nehmen, was doch einiges über die psychische Verfassung der Reisenden aussagt.

Die älteren Bewohner, die noch nie über die doppelte Bedeutung des Namens ihrer Heimatgemeinde nachgedacht, ihn immer schon »Fuhking« ausgesprochen haben und nun von den Jungen darüber aufgeklärt werden müssen, in welch sündigem Pfuhl sie eigentlich leben, verzichteten bislang auf eine Umbenennung.

Auch im Nachbarbundesland Niederösterreich gab es eine Ortschaft gleichen Namens. Allerdings wurde der bereits vor etlichen Jahrhunderten geändert, wahrscheinlich, weil die Bewohner genug vom dämlich-wissenden Grinsen englischer Handelsreisender und Kreuzritter hatten. Der aktuelle Name Fugging ist weit von erotischer Konnotation und so können die Bewohner unbehelligt ihrem Tagwerk nachgehen und belustigt nach Westen auf den ehemaligen Namensvetter blicken.

Der österreichische Autor Kurt Palm verfasste, inspiriert von der Ortschaft, einen Roman, wobei er den Namen noch um das Attribut eines Heilortes anschärfte, sodass das Buch mit dem Titel »Bad Fucking« reüssierte. Im Vorfeld der Romanverfilmung untersagte Facebook die Werbung für den Film. Die Social-Media-Plattform hat eben kein Verständnis für Doppeldeutigkeiten, man muss mit zwinkernden Smileys auf Wortspiele hinweisen. Vielleicht wäre so eines auch auf dem Ortsschild von Fucking hilfreich.

Zu weniger Berühmtheit haben es die etwas entfernter gelegenen Ortschaften »Oberfucking« und »Unterfucking« gebracht. Bei den bundesdeutschen Usern sorgt auch das Steirische »Poppendorf« für größtes Amüsement. Das passiert eben, wenn ein heimischer Traditionsname auf deutschen Humor trifft.

Orte mit eigenartigen Namen hat es schon immer gegeben. Im Zeitalter der digitalen Medien werden die Namen aber gepostet, geshared und getwittert als gäbe es kein Morgen, sodass sogar die verschlafenen Gemeinden St. Blasen, Rammelhof oder »Rohr im Gebirge« berühmt wurden. Nahe Hallstadt gibt es übrigens ein hübsches Wander- und Klettergebiet. Dazu erzählt man sich folgende Geschichte: Im 19. Jahrhundert, als die Gegend kartografiert wurde, waren es die Einheimischen langsam leid, von den k.u.k-Landvermessern ständig nach den genauen Bezeichnungen von irgendwelchen geografisch relevanten Punkten gefragt zu werden, die gar keinen Namen hatten. Um sie zu ärgern, beschlossen sie, hier ein wenig kreativ zu werden und ein paar Namen zu erfinden, die die Kartografen geduldig eintrugen und die heute noch auf österreichischen Wanderkarten zu finden sind: Willkommen im schönen »Arschlochwinkel«!

Sprache

»Was die Österreicher und die Deutschen trennt, ist ihre gemeinsame Sprache«. Dies gilt als einer der berühmtesten Sprüche, die der Schriftsteller Karl Kraus nie gesagt hat.

Ein bisserl viel

Neben dem Umstand, dass sich der Deutsche alleine dadurch outet, dass er korrekterweise auch in der Mitvergangenheit (für die Deutschen: Imperfekt) spricht, wenn er davon erzählt, dass er »mal so eben vorbeikam« und nicht »vorbeigekommen ist«, sind es die zahlreichen unterschiedlichen Vokabeln, für die man eigentlich ein eigenes Wörterbuch bräuchte, das es auch gibt. Die Verniedlichung gehört zum Sprach- und Kulturschatz Österreichs. Zwar kann niemand, wie wir wissen, nicht ein bisserl schwanger sein, aber ein bisserl rechts, ein bisserl gemein, ein bisserl nicht ganz so genau, das geht allemal.

Das bedeutet aber auch, dass man manchmal ein bisserl ein Ja und ein bisserl ein Nein bekommen kann. Das geht nicht nur in Ostösterreich, man kann auch in Tirol »a bischl«, in Salzburg »a weng« oder in Kärnten a »pegatzl« von irgendetwas bekommen.

Dennoch scheinen wir es mit den Schweizern gemein zu haben, dass wir das Hochdeutsch unserer Nachbarn als das »richtige« Deutsch definieren.

Vertrautes Deutsch

So wie uns der »American Way of Life« vertraut ist, da wir über Kino und Fernsehen großteils mit US-amerikanischen Filmen und Serien sozialisiert wurden und meinen, jeden Winkel von New York besser zu kennen als den Nachbarort und jeden Bewohner von New York besser als den eigenen Nachbarn, ist uns auch der »German Way of Speech« sehr vertraut.

Berliner-Synchron und andere Unternehmen bringen uns dazu, allen Ernstes zu glauben, Bruce Willis würde »Schweinebacke« sagen. Es ist nicht nur normal, den Klang der norddeutschen Stimmen in unseren Wohnzimmern zu hören, es stößt uns auch eigenartig auf, wenn unter den Synchronsprechern plötzlich ein Österreicher allzu Österreichisch spricht. Dennoch gibt es ein paar sehr gute markante heimische Stimmen, wie etwa die von Christoph Waltz, der sich selbst synchronisiert – im Gegensatz zu Arnold Schwarzenegger, der dies zum Glück nicht tut.

Während in Nordeuropa oder den Niederlanden Filme in Originalfassung gezeigt werden, weshalb die meisten Einheimischen bereits im Grundschulalter besser Englisch sprechen als so manch österreichischer Außenminister, möchte man in Frankreich, Italien oder auch dem deutschsprachigen Raum lieber den in die Landessprache synchronisierten Film serviert bekommen. Gerade mal Arthouse-Produktionen werden in der Originalfassung gezeigt.

Mittlerweile nehmen aber auch die Jungen einen englischsprachigen Streifen in Kauf, wenn sie ihn illegal über eine Internetplattform streamen. Zum Beispiel, um die zweihundertste Staffel von »Game of Thrones« bereits vor allen anderen Landsleuten zu sehen, noch besser vor dem offiziellen Start und vielleicht sogar noch bevor die Serie überhaupt gedreht wurde. Dann kann man spoilern, was das Zeug hält. Oder besser man erlebt das Gefühl von Macht, dass man spoilern könnte, wenn man den unbedarften Konsumenten eine halbe Stunde, bevor der Film auf Deutsch im österreichischen Fernsehen kommt, das Ende verraten würde.

Manche Filme bekommen sogar eine österreichische Synchronisation verpasst, wie »Ein Schweinchen namens Babe«. Die Zuseher hörten ihren eigenen Dialekt, vom Kärntnerischen bis zum Vorarlbergischen und Wienerischen. Bei einigen Animationsfilmen, etwa bei Pixars »Oben«, hat man auf den heimisch-grantelnden Volksschauspieler Otto Schenk zurückgegriffen. Wohlgemerkt nur in der österreichischen Fassung. Manchmal werden österreichische Filme in deutschen Kinos untertitelt. Das ist für Österreicher eigenartig anzusehen – immerhin sprechen wir ja auch Deutsch. Andererseits zeigt man uns wiederum so manche Produktion aus der Schweiz mit Untertiteln, zurecht.

Dem hiesigen Synchronisations-Wahn hab ich es jedoch zu verdanken, dass ich einmal neben Mahatma Gandhi pinkeln durfte. Tatsächlich stand am Pissoir des Wiener Funkhauses der verstorbene indische Widerstandskämpfer neben mir. Also fast. Eigentlich war es jener Schauspieler, der ihn im Film »Gandhi« verkörperte, Sir Ben Kingsley. Also fast. Es war jener österreichische Mime, der als Standardsynchronstimme von Herrn Kingsley bekannt ist, Peter Matić. Aber der war es wirklich.

Nicht nur aufgrund der Synchronisationen ist uns das deutsche Deutsch so geläufig. Wir Österreicher wurden einfach mit der Sprache aus dem Norden sozialisiert, es ist unser Hochdeutsch. Als Kind hatte ich noch Hörspiel-Platten (für die Jungen: Das sind mp3-Files, die man von einer zerkratzten schwarzen Scheibe mittels Nadel auf einen miesen Lautsprecher downloaden konnte). All die Märchen, die Hui-Buhs, die Geschichten aus 1001 Nacht, die Jules-Verne- oder Erich-Kästner-Geschichten wurden von einer sanften norddeutschen Stimme vorgetragen. Die Kinder sprachen auch nicht so, wie wir, sie redeten viel gescheiter. Damit wurde der Grundstein für den Respekt vor dieser fremden Sprache gelegt. Noch heute finde ich, dass ein und derselbe Satz um vieles intelligenter klingt, wenn er Preußisch statt Österreichisch gesprochen wird. Das ist krank. Aber ich habe bislang noch keine Therapie dagegen gefunden.

Schuld sind sicher auch die Kinderfilme. Wenn man sich identifiziert mit einer Pipi Langstrumpf oder einem Wicki, identifiziert man sich natürlich auch mit der Sprache. Sogar Heidi und der Ziegen-Peter sprachen das schöne Deutsch. Genauso wie Julian, Dick und Anne, George und sogar Timmy der Hund, der Deutsch bellte.

Man sah Abendshows mit deutschen Moderatoren, Peter Frankenfeld, für den Musik Trumpf war, Hans-Joachim Kulenkampff, für den einer gewinnen musste, und Hans Rosenthal, für den ein Knopfdruck des Publikums Anlass war, um »Spitze!«-schreiend in die Luft zu springen. Das waren die Onkel, mit denen wir aufwuchsen und die in geschliffenem Deutsch redeten, abgesehen von Rudi Carrell, aber einen seltsamen Onkel gibt es ja in jeder Familie. So finden wir es sogar fein, wenn in der Werbung einer unserer Lieblingspiefkes, der Autor und Kabarettist Dirk Stermann, seine sonore Stimme erklingen lässt. Das gefällt genauso wie das legendäre Burgtheater-Deutsch, das ob der vielen großartigen Schauspieler aus Deutschland mittlerweile auch nicht viel anders klingt als ein Tatort.

Hierzulande hatte man als heimische Alternative den »Mundl«. Der »echte Wiener«, der niemals unterging, war in den 70er-Jahren das österreichische Pendant zum »echten Deutschen«. Die Reaktionen des Fernsehpublikums auf den von Karl Merkatz dargestellten und in der breitesten Wiener Mundart schimpfenden Elektrikers Edmund Sackbauer schwankten zwischen erboster Ablehnung und begeisterter Zustimmung. Die Wiener waren empört darüber, wie sie dargestellt wurden, und bezeichneten die Macher der Serie als Nestbeschmutzer. Die Westösterreicher waren empört darüber, mit den Wienern – die wirklich so sind, wie dargestellt – in einen Topf geworfen zu werden, und das Ausland war gar nichts, da die Serie dort nicht gezeigt wurde. Der frühere Skandal wurde, wie das in Österreich eben so ist, zum späteren Kult, und nach wie vor werden zum Jahreswechsel im österreichischen Fernsehen regelmäßig die Mundl-Folgen ausgestrahlt.

Natürlich gab es auch andere heimische Produktionen, die jedoch meist für die Jüngeren mäßig interessant waren, da sie die Publikumslieblinge von den Heinzis zu den Honzos nicht für zeitgemäß erachteten. Die heimischen Show-Formate wirkten auf viele immer sehr amateurhaft und sie konnten auch nicht viel mit dem Exportschlager eines »Musikantenstadls« oder der jährlichen »Peter-Alexander-Show« anfangen.

So gewöhnt man sich an das Hochdeutsch und man hat den Eindruck, Köln, Wiesbaden oder Hamburg mittlerweile genauso gut zu kennen wie New York.

Griaß di, du Opfa!

Die jüngeren Digital Natives suchen Zerstreuung und Unterhaltung im Internet. Sie verfolgen Vlogger auf Youtube, das sind Teenager, die auf dem Bettrand in ihrem Kinderzimmer sitzen und zeigen, wie man sich schminkt oder wie man einen Apfel schält, ohne sich ernsthaft zu verletzen. Flaumbärtige Nerds erklären hier geduldig vor der Kamera, wie man einen Trojaner von der Festplatte, einen Pickel von der Nase oder eine Festplatte von einem Pickel befreit. Und so lauschen unsere Teenager auch den Gedanken eines hunderte Kilometer weiter nördlich in die Webcam nuschelnden, eingerauchten Hobbyphilosophen, warum die Welt eigentlich nicht eckig erschaffen wurde.

So lädt man sich über das Internet eine illustre Runde von Personen zu sich ins Haus ein, die man zwar persönlich gar nicht kennt, die einem aber doch irgendwie sehr vertraut sind. Damit wird auch deren Sprache – und das ist in den meisten Fällen nicht Österreichisch, sondern Deutsch – vertraut. Sogar noch vertrauter, als uns die Sprache in meinen Jugendjahren war, als wir zwar deutsche Synchronisationen schauten und das deutsche Bravo lasen, jedoch gedanklich Doktor Sommer einen österreichischen Akzent verpassten, auch wenn da vom »Poppen« statt vom »Schnackseln« die Rede war.

Angesagte österreichische Bands, die auf Youtube singen und rappen, hören sich irgendwie sehr deutsch an. Selbst dann noch, wenn sie aus Oberösterreich stammen. Als meine eigenen Kinder mit dem ersten »Manno!« aus der Schule heimkamen, wusste ich, dass die unangefochtene Bastion der heimischen Mundart wohl nicht mehr allzu lange bestehen bleiben würde. Mittlerweile ist sogar von einer »Drei in Mathe« die Rede statt vom »Dreier im Rechnen«. Sprachwissenschaftlich ist es bereits evident, dass die österreichische Jugendsprache zunehmend »Deutschlandismen« verwendet. Der Linguist Rudolf de Cillia von der Universität Wien hat die neuen Sprachgewohnheiten analysiert. In einem direkten Sprachvergleich zwischen Schülern und ihren Lehrern zeigt sich, dass die Jüngeren weitaus mehr zu Deutschlandismen neigen, während die Lehrer eher noch Österreichisch denken: Diese ziehen nach wie vor »Jänner« dem »Januar« vor, meinen, das Essen schmecke eher »gut« als »lecker« und trinken »ein« statt »eine« Cola. Die Studie zur Rolle des österreichischen Standarddeutsch zeigte, dass 61 Prozent der Lehrer, aber nur 45 Prozent der Schüler österreichische Ausdrücke bevorzugen. Es zeigte sich hingegen kein direkter Zusammenhang mit den Ergebnissen des PISA-Tests, obwohl Österreicher »in die Schule«, Deutsche aber nur »zur Schule« gehen, ohne scheinbar hinein zu müssen.

Man mischt zusammen, aus allen Himmelsrichtungen. Das für Österreich so typische »Servus« weicht dem englischen, aber Deutsch ausgesprochenen »Hallo«, das »Pfiat di« dem deutschen »Tschüss« oder dem italienischen »Ciao«. Auch das verabschiedende »baba« ist nicht mehr ganz so en vogue. In einigen Kreisen verwendet man aber nach wie vor die mühselige Verabschiedungslitanei: »Also dann, pfiat di, servus, grüß Gott, bussi und baba(tschi)«.

Kommunikation mit Österreichs Jugend

Dass man auf Österreichs Straßen heute auch politisch nicht ganz so korrekte Formulierungen hört, wie »Was geht ab, du Spast?« oder »Krass, voll gedisst, du Opfer«, mag der Elterngeneration sauer aufstoßen. Wie kann man hier regulierend eingreifen? Schließlich hat Österreich bereits 1989, als eines der ersten Länder, die UNO-Kinderrechtskonvention unterzeichnet und sich damit von der »g'sunden Watsch'n« (»Ohrfeige zum Zwecke der Heilung«) als erzieherisches Mittel verabschiedet, obwohl sie auch noch Jahre danach zum guten Ton und zum kulturellen Erbe gehörte.

Was also tun mit jener Generation, die zwischen Kind- und Erwachsensein herumgeistert? Eine Generation, die Unmengen an Information über Youtube aufsaugt, um sie über Whatsapp wieder auszuspeien? Wie kann man mit ihr kommunizieren, ohne dass sie sich gelangweilt abwendet, da die elterlichen Erklärungen ohne Hintergrundmusik und Flash-Animationen erfolgen? Sollte die ältere Generation sich der jüngeren sprachlich annähern? Oder doch lieber das gute alte Österreichisch vermitteln, damit es weiter besteht?

Es galt immer schon als peinlich, wenn Erwachsene bei den Jugendlichen durch eine »coole« Sprache Eindruck schinden wollten. Daher ist Fingerspitzengefühl angesagt, wenn man den Pubertierenden ein wenig Nachhilfe in Sachen gesundem Lebensstil und Verantwortung geben möchte. Begriffe wie YOLO (»you only live once«) eignen sich durchaus dazu, um auf schlechte Ernährungsgewohnheiten oder das schädigende Rauchverhalten hinzuweisen. Wenn man dann ein »Kann schon sein, du Spacko, is aber leider geil!«, als Antwort bekommt, sollte man nicht beleidigt sein, sondern sie als Zeichen des Respekts und der Zugehörigkeit verstehen (»Respekt, Alter!«). Dann kann man noch ein Schäuflein nachlegen: »Und das mit dem Saufen kannst du dir so was von abbitchen!« Wenn der Jugendliche mit »Echt jetzt? Du laberst voll die Flatrate!« antwortet, droht das Gespräch zu entgleiten. Hier ist es nicht mehr weit hin, bis man »geblockt« und »defriendet« wird.

Die neue Sprache ist zutiefst Deutsch und hat kaum österreichische Pendants. Eine Ausnahme bildet da die im Jahr 2008 aufgekommene und wieder niedergegangene urbane Jugend-Subkulturbewegung der »Krocha« (»Kracher«). Gerade mal zwei Prozent der Jugendlichen haben sich in der Blütezeit zu dieser Gruppierung bekannt. Sie hatte nicht das Bestreben, neue gesellschaftliche Werte zu vermitteln. Das Palästinensertuch als beliebtes Accessoire war, ob des hübschen Musters, lediglich von modischer Bedeutung und Kinder aus gutem Haus durften bei dieser Rebellion nicht mitmachen, weil es die Eltern nicht erlaubten.

Vor allem der extravagante Tanzstil, das »Krochn«, eine Mischung aus Hardstep und Charleston, und der auffällige Kleidungsstil, allen voran die lose am Hinterkopf aufgesetzten Kappen, zeigten, dass es auch in den Suburbs der österreichischen Städte so etwas wie ein Harlem gibt.

Sprachlich war die Kultur geprägt von Begriffen, wie »Bam« oder »Bam, Oida«, also »Baum, Alter«, was jetzt nicht allzu viel Sinn ergibt, aber wie gesagt ging es auch nicht darum, Werte zu vermitteln. Beim »bam« dürfte es sich zudem eher um eine Abwandlung des landestypischen »Na bumm!« handeln (nicht zu verwechseln mit dem sprachlich ähnlichen französischen »La boum«). Es wandelt sich auch vom bekannten Ausdruck leichten Erschreckens »Bumsternazi« ab (mit fraglicher Herkunft aus den 30er-Jahren). Und eine Zustimmung wurde mit einem »fix« quittiert. Der Vollständigkeit halber natürlich ein »Fix, Oida!«

Wer meinte, endlich würde auch hierzulande mal ein weltweites Phänomen geboren werden, das sich wie ein Lauffeuer über die ganze Welt verbreiten würde, und der deutschsprachige Raum würde nun endlich seine Grammatik auf »Was is mit du?« umstellen, der wurde ein paar Monate später eines Besseren belehrt. Dann schon verschwand die Subkultur wieder ins Sub.

Der Jugendforscher Philipp Ikrath, Leiter des Hamburger Departements des Instituts für Jugendkulturforschung meint nur: »Die ›Krocha‹ sind eine reine Spaßkultur. […] Das ist vermutlich eine sehr kurzlebige Erscheinung – und Wien ist auch nicht die Stadt, in der internationale Trends entstehen.«

Also »Nix, Oida!«

Volksbegnadet für das Schöne

Wer von einer Bundesstraße kommend in eine der vielen Ortschaften Österreichs einfährt, den begrüßen meist ein Drive-in-Restaurant, ein Baumarkt, mehrere Autohäuser, unzählige Tankstellen und ein Erotik-Laden. Durchquert man den Ort, so wird man am Ortsausgang von ebendiesen Geschäften, in umgekehrter Reihenfolge, wieder verabschiedet. Damit verlagert sich das früher belebte Ortszentrum an die Einzugsstraßen. Die kleinen Läden am Dorfplatz sind geschlossen, einzig der Kirchenwirt lebt noch von den abendlichen Vereinstreffen, Hochzeitstafeln und Leichenschmäusen, da man von dort auch in volltrunkenem Zustand Kirche und Friedhof bequem torkelnd erreicht.

Der örtliche Schuster wird durch einen Schlüsseldienst mit Schnell-Stiefel-Service am Stadtrand ersetzt, sogar die Apotheke wandert dem Volk nach und siedelt sich in der Einkaufsmeile an. Irgendwann wird wohl auch der Pfarrer seine Kanzel nehmen und sich zwischen H&M und Media Markt ansiedeln, um seinen Schäfchen wieder näher zu sein.

Es ist ganz wertfrei zu sehen, das Dorfleben spielt sich vielerorts nicht mehr im Dorf ab, sondern in der Shopping-Mall. Das mag praktisch sein, das landestypische Flair aber bleibt auf der Strecke. Denn ein Drogeriegroßmarkt sieht nun mal in Tirol genauso aus wie in Amstetten, Oslo oder Lyon. Der österreichische Begriff für solche stilistischen Verfehlungen ist übrigens »schirch« (hässlich).

Kulturbauten: Lärmschutzwände

Wer auf Österreichs Autobahnen unterwegs ist, wird mancherorts gar nicht so viel von der Landschaft mitbekommen. Und wer aus Deutschland kommend fragt: »Wie komm ich in den Süden?«, bekommt als klügste Antwort: »Immer der Wand lang!«

Tarek Leitner ist nicht nur beliebter Anchorman der Nachrichtensendung »Zeit im Bild«, sondern auch deklarierter Ästhet. Vor einiger Zeit verfasste er eine zornige Streitschrift gegen die Verschandelung Österreichs. »Mut zur Schönheit« nannte er sein Plädoyer für eine neue Alltagsästhetik, um die Frage zu stellen, was man sich als Bürger an Hässlichkeiten eigentlich alles gefallen lassen muss. Im Namen der »Wirtschaftlichkeit« gebe es kein Tabu und neben den Tankstellen und Fast-Food-Ketten würden auch Plakatwände, Leuchttafeln und eben Lärmschutzwände das Bild des Landes maßgeblich prägen. Im Gegensatz zu Deutschland, wo rund 18 Prozent der Autobahnen von Wänden gesäumt sind, sind es in Österreich fast 60 Prozent. Das könnte man positiv als Lärmschutzmaßnahme werten. Doch dass die Wände tatsächlich dem Schutz der Bevölkerung dienen, wird mancherorts bezweifelt. Schließlich stehen die meterhohen baulichen Maßnahmen auch über weite Teile auf unverbauten Gebieten. Wobei unverbaut nicht unbewohnt bedeutet, denn Fuchs und Hase möchten einander auch hören, wenn sie »Gute« Nacht sagen.

Mittlerweile sind auch die Gleisanlagen der Bahn zunehmend von Schutzwänden umgeben, was so manche Anrainer stört. Denn damit wird zusätzlich zum Lärm, für den die Wand kein sonderlich großes Hindernis darstellt, auch die Sicht verstellt. Statt in lärmreduzierende Schienenbeläge oder Bremsen zu investieren, werde das Geld durch solche Maßnahmen beim Zugfenster rausgeschmissen, aus dem man nicht einmal mehr die vorbeiziehende Landschaft, sondern vorbeiziehende Wände sieht.

Selbst Vertreter der grünen Fraktion sind sich mancherorts nicht ganz sicher, ob hier nicht auch ein wirtschaftliches Interesse Vater der Gedanken und Taten war. Obwohl man niemandem etwas unterstellen möchte, schon gar nicht Menschen, die sich mutig dem Lärm entgegenstellen, damit man wieder die Vöglein hört, schleichen sich auch ein paar Zweifel ein. Mancherorts finden sich Lärmschutzwände zwischen Autobahn und Bahntrasse. Das ist auch gut, denn damit werden Autofahrer nicht vom Geräusch eines vorbei-rauschenden Zuges belästigt.

Ein weiterer Grund zum Zweifel ist, dass zwar Autobahn- und Bahnwände von Steuerzahlern in Auftrag gegeben wurden, jedoch die Autobahngesellschaft und die Bahngesellschaft nicht sonderlich viel miteinander kommunizieren, sodass in Meterabstand zwei Wände von bis zu acht Metern Höhe nebeneinander errichtet werden. Im ungenutzten Streifen dazwischen lässt sich beschaulich entlangwandern. Wenn nicht grad ein Zug vorbeifährt. Dann wird es natürlich schon laut.

Gott erhalte … Konservativer als der Vatikan

Auch wenn man es nicht für möglich hält: Es gibt hierzulande eine weitaus konservativere Kraft als die katholische Kirche. Das österreichische Bundesdenkmalamt. Eigentlich logisch. Schließlich ist es Aufgabe eines Denkmalamtes, Dinge zu bewahren und jede Veränderung oder Modernisierung nicht nur als Angriff auf das Denkmal, sondern als Kriegserklärung gegen das Denkmalamt zu erachten.

Natürlich hat die Arbeit dieser Institution dazu beigetragen, dass Österreich in vielen Teilen noch »ursprünglich«, mit »historischen Bauwerken« gesegnet und nicht zubetoniert ist. Zumindest nicht in unmittelbarer Umgebung der historischen Bauwerke. Und zu ein paar Änderungen ist auch das Denkmalamt bereit, so der Wiener Landeskonservator Friedrich Dahm gegenüber der Tageszeitung »Der Standard«, sonst hätte Schönbrunn heute noch ein Plumpsklo.

Dass gewisse Bauwerke unter den schützenden Flügeln des Denkmalschutzes stehen, die man guten Gewissens auch der Abrissbirne überlassen könnte, ist für Laien nicht immer nachvollziehbar. Doch zum Glück gibt es Menschen in diesem Amt, die den Weitblick haben, in einer Hochgarage aus den 70er-Jahren eine touristische Attraktion der fernen Zukunft zu sehen.

Wer wissen will, ob er mit seinem neu erworbenen Schloss ein denkmalgeschütztes Objekt besitzt, kann im österreichischen Denkmalverzeichnis nachlesen. Es umfasst über 35 000 Gebäude beziehungsweise »unbewegliche Objekte«. Falco konnte man daher erst posthum zum Denkmal erklären. Nicht nur Kirchen, Statuen oder Schlösser stehen unter Denkmalschutz. In Wien sind etwa der Westbahnhof, das Stadthallenbad, das ORF-Zentrum oder auch die Opernpassage, jene Unterführung, die über Jahrzehnte hinweg Passagiere zwischen Ringstraße und Karlsplatz zu ihren U-Bahnen und Dealer zu ihren Kunden gebracht hat, denkmalgeschützt.

Was als schützenswertes Denkmal in Österreich gilt, sorgt für Konflikte zwischen Denkmalamt, Bürgerinitiativen und Besitzern. Denn auch wenn es auf den ersten Blick verlockend erscheinen mag, ein denkmalgeschütztes Objekt zu besitzen, so hat es doch eher Nachteile, vor allem in Hinblick auf die Benutzung. So mancher lässt den Verdacht, es könne sich beim erworbenen Gebäude um ein besonders schützenswertes Objekt handeln, Verdacht sein. Wer viel fragt, kriegt viele Antworten. Und wer will schon jedes Mal, wenn er einen Nagel in die Wand schlägt, vorher einen Antrag stellen müssen. Da auch die Großglockner Hochalpenstraße seit 2015 unter Denkmalschutz steht, dürfen Sie auch dort keinen Nagel in die Straße schlagen.

Geschichtliches Erbe

Österreich ist stolz auf seine Geschichte. Zumindest auf die Geschichte, an die es sich zurückerinnern will.

Wiege der europäischen Menschheit in der Wachau

Auf der Suche nach alten Knochen muss man nicht unbedingt in eine Matinee der Salzburger Festspiele gehen. Es gibt noch weitaus ältere Exemplare, die allerdings nicht mehr am Leben sind. Archäologen haben Spuren des modernen Menschen gefunden, die 43 000 Jahre alt sein dürften. Und so hoch liegt der Altersschnitt nicht mal bei den Festspielen.

Die Funde belegen, dass die europäische Wiege des modernen Menschen tatsächlich in unserem schönen Land gelegen haben dürfte. Waren es die zahlreichen Heurigen, die unsere Vorfahren dazu bewogen haben, sich dort anzusiedeln, wo gerade »ausg'steckt« war? Oder der Umstand, dass die Grundstückspreise im Überschwemmungsgebiet entlang der Donau selbst für einen freiberuflichen Steinzeitmenschen im noch leistbaren Bereich lagen? Tatsache ist: Nach heutigem Stand des Wissens waren wir wieder einmal die Ersten, ähnlich wie beim Skisport, da unter den ersten drei vier Österreicher sind. Die Archäologen hoffen nun, auch Kinderbettchen aus der damaligen Zeit zu finden, dann hätten sie endlich die Wiege der modernen Wiege.

Um zum Wesentlichen zurückzukommen: Die Welt blickt wieder mal auf das kleine Österreich. Wie sie schon auf uns geblickt hat, als wir die Ersten waren, die aus der Stratosphäre gesprungen, den Mount Everest ohne Sauerstoffmaske bezwungen und die Anti-Baby-Pille erfunden haben. Medizinisch werden auch wir nicht müde zu betonen, wie sehr wir in der Weltspitze mitturnen und bei den meisten international durchgeführten Eingriffen in Wahrheit die Ersten waren. Dass die Welt dies nicht ganz so sieht und uns damit brüskiert, dass Herr Pillenerfinder einst aus Österreich vertrieben wurde, Herr Bergsteiger ein Italiener sei und kein Österreicher, sondern ein Roter Bulle aus dem Weltall gehüpft sei ... wen kümmert's?

Der Kaiser von Österreich

Auch wenn viele Touristen der festen Überzeugung sind, dass in den hübsch renovierten Prunkschlössern des Landes der Kaiser mit seinem Hofstaat residiert, ist Österreich seit knapp 100 Jahren keine Monarchie mehr. Blöd würden wir jedoch sein, das in die Welt hinauszuposaunen. Denn ein gütig dreinblickender Herrscher mit weißem Bart oder eine anmutige Kaiserin machen sich auf der Frühstückstasse im Souvenirladen weitaus besser als das Antlitz eines gemeinen Parlamentsabgeordneten. Das imperiale Österreich verkauft sich nun mal besser.

Im österreichischen Fernsehen gewährt seit Jahren der »Kaiser« Robert Heinrich der Erste prominenten Gästen Audienz. Der Kabarettist Robert Palfrader verkörpert das gekrönte Oberhaupt trefflich und versteht es im näselnden Pluralis Majestatis die Monarchie wieder aufleben zu lassen. Sehr zum Gaudium des Publikums. Heute können die Österreicher lachen, befürchten sie doch seit einiger Zeit nicht mehr eine Habsburger Wiedererlangung der Macht. Legitimer Thronfolger ist übrigens Karl Habsburg. Der Sohn von Otto und Enkel von Karl, dem letzten österreichischen Monarchen. In seine Rolle als Oberhaupt der europäischen Dynastie der Habsburger musste Enkel Karl hineinwachsen. Hätte er eine Krone am Haupt, einen Hermelinmantel am Leib und ein Zepter in der Hand, wäre auf den ersten Blick klar, wen man hier vor sich hat. Aber er trägt Bluejeans und V-Pullover und wirkt erschreckend normal, »bürgerlich« sagen die Adeligen dazu. Man kennt Karl aus den Medien, vor Jahren moderierte er eine mäßig gelungene TV-Quizsendung, man kennt ihn als Europapolitiker und seine Frau (geborene Thyssen) ist in der Kulturszene umtriebig. Man kann sich so gar nicht vorstellen, dass man – wäre die österreichische Geschichte anders verlaufen – sich vor ihm verneigen sollte.

Nach dem Tod Franz Josefs 1916 setzte der andere Karl den kaiserlichen Karren in den letzten Kriegsjahren endgültig in den Sand. Knapp zwei Jahre später wurde mit dem Ende des Ersten Weltkrieges das Abdankungsdokument für Karl vorbereitet. Er besiegelte mit seiner Unterschrift das Ende der rund 1000 Jahre dauernden Habsburgerregentschaft. Vorsichtshalber mit Bleistift. Wenn man so möchte, ein schönes Beispiel für österreichische Entschlossenheit. Denn wo ein Radiergummi ist, ist immer auch ein Weg. Karls Restaurationsversuche blieben allerdings erfolglos und die Erste Republik eine Republik. Vater Otto Habsburg hatte 1961 endgültig auf den Thronanspruch verzichtet, eine reine Formsache. Sein Sohn antwortete ein halbes Jahrhundert später auf die Interviewfrage, ob er den Thronanspruch stellen würde: er würde nicht »kategorisch nein sagen wollen«. Und so eigenartig, wie sich die Österreicher alle paar Jahre in der Wahlzelle verhalten, ist die Wiedereinführung einer Monarchie nicht ganz auszuschließen. Auch wenn Karl nicht mehr davon betroffen sein sollte, vielleicht kommt ja sein Sohn Ferdinand Zvonimir ans Steuer.

Von und zu, auf und ab

So kaiserlich sich Österreich auch geben mag, so vehement ist die Praxis, Adelstitel zu untersagen. Das Adelsaufhebungsgesetz, nach dem alle Staatsbürger formell gleich zu behandeln sind, wurde 1919 einstimmig von der konstituierenden Nationalversammlung beschlossen. Das Habsburgergesetz sah zudem eine Enteignung der Habsburger-Besitztümer vor, als symbolische Kompensation für die Schäden des Ersten Weltkrieges, an dem das Herrscherhaus maßgeblich verantwortlich war. Sie mussten auf die Herrschaftsrechte verzichten und wurden, so sie sich nicht als getreue Staatsbürger der Republik bekannten, des Landes verwiesen.

Verboten sind damit seither Titel wie Graf, Herzog, Kaiser, König, Edelmann oder das adelige »von«. Selbst der »Geheimrat« wurde hierzulande untersagt. Sehr wohl überlebt haben jede Menge Amtstitel, wie etwa der Hofrat und, leider auch, Geheimratsecken. Selbst der Geheimrats-Käse, in Kugelform mit rotem Wachs umhüllt, darf nach wie vor gegessen werden. Und auch die meisten Lebensmittel haben das Adelsaufhebungsgesetz weitgehend unbeschadet überstanden – vom Kaiserschmarrn bis hin zum »Fürstl«, ein mit gehörigem Augenzwinkern kreiertes Würstl des adeligen Gault-Millau-Herausgebers Karl Hohenlohe.

Und so sehr man sich auch in die Nesseln setzen kann, wenn man in Österreich einen Menschen mit einem Titel zu wenig anspricht, kann man sich durch Verwendung alter Adelstitel noch weitaus mehr verbrennen. So sprach der Direktor des Wiener Kunsthistorischen Museums Wilfried Seipel im Jahr 2004 bei einer Buchpräsentation vor versammeltem Publikum und Presse den anwesenden Kaiserenkel Otto Habsburg mit »Kaiserliche Hoheit« an. Hätte es damals schon Facebook gegeben, wäre ihm ein Shitstorm wohl nicht erspart geblieben.

Ganz Österreich war also vom Adel befreit. Ganz Österreich? Nein, ein kleines Bundesland im Osten leistete Widerstand und nutzte eine Gesetzeslücke, damit sich dort ansässige Blaublütige nach wie vor mit Titeln schmücken durften. Als das Burgenland 1922 an Österreich angeschlossen wurde, schien es vom Verbotsgesetz ausgenommen. Doch 2008 wurde endlich verfassungsrechtlich Klarheit geschaffen: Auch das Burgenland ist keine Monarchie mehr.

Der Adel lebt

Dass man hier eher heiß kocht, jedoch kalt isst, zeigt sich am Ausmaß der geforderten Buße: Wer unberechtigterweise einen Adelstitel führt, muss mit 14 Cent Strafe rechnen. Im Jahr 1919 waren es immerhin noch 20 000 Kronen, bzw. 6 Monate Urlaub im Gefängnis. Mit Inflation über die 100 Jahre hinweg und Umrechnung auf den Euro kommt man auf die drakonische Strafe von 14 Cent. Die wirkt natürlich nicht sonderlich abschreckend und soll nun entsprechende modifiziert werden. Dazu ist allerdings eine Zweidrittelmehrheit im Parlament nötig. Es hat ja sonst nichts zu tun.

Erst 2007 wurde vom unabhängigen Verwaltungssenat in Wien ein Österreicher, der einem Kriminalbeamten eine Visitenkarte mit »Helmut Freiherr von R-B« aushändigte, für schuldig befunden. Es wurde jedoch von der Höchststrafe von 14 Cent abgesehen und 10 Cent als angemessen erachtet.

Große Österreicher

»Die Österreicher haben das Kunststück fertiggebracht, aus Beethoven einen Österreicher und aus Hitler einen Deutschen zu machen«. Aber es kommt doch letztlich drauf an, wo man Karriere macht. Sollte man meinen. Dass der Spruch angeblich von Billy Wilder stammt, sagt schon einiges darüber aus, wie man in Österreich mit seinen großen Söhnen und Töchtern umgeht. Denn obwohl der berühmte Filmregisseur in Los Angeles Karriere machte, gilt er als Wiener. Obwohl er nicht einmal in Wien, sondern in Galizien geboren wurde. Immerhin ein Teil Österreich-Ungarns. Und damit Österreicher. Denn was sollen die Ungarn mit ihm anfangen?

Nicht einmal das heimische Aushängeschild Wolfgang Amadeus Mozart war strenggenommen Österreicher. Denn Salzburg war damals ein eigenständiges Erzbistum. Karriere machte Mozart hingegen tatsächlich in Wien.

Späte Anerkennung möchte man auch den in der NS-Zeit vertriebenen Landsleuten zukommen lassen. Der kürzlich verstorbene Carl Djerassi, Vater der Pille, der 1938 emigrierte, wurde nach eigenen Aussagen »in Wien geboren und von den Wienern rausgeschmissen«.

Österreichische Nobelpreisträger
Als der Hirnforscher Eric Kandel im Jahr 2000 den Nobelpreis erhielt, war man hierzulande entzückt. Immerhin kann das kleine Land nicht mit vielen Preisträgern aufwarten. Kandel stellte rasch klar: »Dieser Preis ist kein Nobelpreis für Österreich, es ist ein amerikanischer Nobelpreis. Ein jüdisch-amerikanischer.« Auf Rückfrage im Rahmen eines Spiegel-Interviews mit Kandel, ob Österreich nicht auch seine Heimat sei, erzählte der Preisträger: »… aber ich habe keine sehr guten Erinnerungen daran. Ich kann mich genau erinnern

an den Tag, als Hitler nach Österreich kam. Ich war acht Jahre alt. Am Tag danach sprach in unserer Klasse keiner mehr mit mir. Ich wurde auf eine jüdische Schule geschickt, auf dem Weg dorthin bin ich ein paar Mal im Park zusammengeschlagen worden. Zur Kristallnacht, es war kurz nach meinem Geburtstag, wurden wir dann aus unserer Wohnung geworfen, und als wir ein oder zwei Nächte später zurückkamen, war alles verwüstet.« Mehrmals versuchte Kandel sich mit seinem Geburtsland zu versöhnen. Kam kurz nach dem Krieg in seine alte Wohngegend, sprach Ende der 1980er-Jahre über seine Vertreibung. Kein einziges Wort des Bedauerns hätte er vernommen. Was fast noch bitterer schmecke als die Vertreibung.

Erst nach der Überreichung des Nobelpreises hat sich auch das offizielle Österreich plötzlich rührend um Kandel angenommen, sich um Schadensbegrenzung und verbale Wiedergutmachung bemüht. Man bedankte sich nach heimischer Sitte, verlieh ihm zahlreiche Ehrentitel und stellte vor wenigen Jahren per Feststellungsverfahren letztlich klar: Er habe die österreichische Staatsbürgerschaft eigentlich nie verloren. Kandel zeigte sich versöhnlich und nahm die Staatsbürgerschaft an, die er ohnehin bereits hatte – nicht zuletzt aus typisch österreichisch-pragmatischen Gründen –, da diese auch an Kinder und Enkelkinder weitergegeben werden kann.

Das Nobelpreiskomitee hat sich zudem entschieden, für die Nationalitäten-Hitliste die Geburtsorte der Preisträger heranzuziehen. Das ist ein großer Vorteil für das kleine Österreich, das einerseits einst viele kluge Köpfe hinauswarf, andererseits selbst jedoch keinen großen Ruf als Forschermekka für heimatlose Wissenschaftler hat. Damit kommen wir immerhin auf 30 Nobelpreisträger, die in einem Ort zur Welt kamen, der früher mal zu Österreich gehörte, davon 17, die im heutigen Staatsgebiet geboren wurden.

1998 und 2013 bekamen wir sogar den Chemienobelpreis. Also nicht ganz wir, sondern der vor dem Zweiten Weltkrieg mit einem Kindertransport außer Landes gebrachte Walter Kohn und der 1938 aus Wien vertriebene Martin Karplus. Egal. Wir sind Nobel!

Es ist für heutige Politiker immer ein heikles Unterfangen, die richtige Mischung aus Interesse an der Wissenschaft und National-stolz zu finden. Weist man nicht darauf hin, dass die Preisträger ei-gentlich aus Österreich stammen, verschweigt man einen wichtigen biografischen Teil sowohl der Preisträger als auch des Landes. Be-tont man den Geburtsort hingegen zu sehr, so kommt man rasch in den Verdacht, hier politisches Kleingeld machen zu wollen, indem man sich mit einem Nobelpreisträger schmückt. Im Zweifel schmückt man sich lieber.

Die jüngste österreichische Preisträgerin ist die Schriftstellerin Elfriede Jelinek, die 2004 den Literaturnobelpreis erhielt. Da die provokante Schriftstellerin im steirischen Mürzzuschlag geboren und, obwohl von vielen vehement gefordert, nicht aus Österreich vertrieben wurde, kann sich Österreich diesen Sieg eindeutig an seine Fahnen heften. Ganz ohne Tricks.

Unsere Elfi »Staatskünstlerin«!
In Österreich etwas zu werden, ist nicht einfach. Vor allem dann, wenn man alles andere als ein Publikumsliebling ist, so wie Elfriede Jelinek. Bevor sie den Nobelpreis erhielt, nannten die Kronen Zeitung und FPÖ die Schriftstellerin subventionierte »Staatskünstlerin« wie auch »Staatsfeindin«. 1995 las man auf den Wahlplakaten der Freiheitlichen: »Lieben Sie Scholten, Jelinek, Häupl, Peymann, Pasterk ... oder Kunst und Kultur?« Zugegeben, Jelinek geizte auch nicht mit Kritik und bezeichnete die FPÖ 1991 in der italienischen La Repubblica als »dumpf homoerotischen Verein von gesunden Jungmännern und Jörg Haider als grinsen-dem Bürschchen«.

Erst der Nobelpreis gab der Autorin die Rückendeckung, die sie früher wohl gebraucht hätte. Denn nach einem kurzen Unverständnis darüber, wie man einer Person, die das eigene Land derart diffamiert, einen solchen Preis verleihen konnte und nicht jemandem, der das Urlaubsparadies und den Wirtschaftsstandort Österreich in poetischer Sprache lobpreist, kam dann also die ernüchternde Erkenntnis, dass es besser sei, eine Jelinek als österreichische Nobelpreisträgerin zu haben, als dass der Preis an ein anderes »Land« ginge. Mittlerweile gibt man sich weitgehend stolz und akzeptiert die sprachlichen Eskapaden mit weitaus größerer Gelassenheit, da ja nun vom Nobelkomitee quasi amtlich bestätigt wurde, dass es sich tatsächlich um Kunst handelt und nicht um Schund. Die Medien berichteten euphorisch über die erste österreichische Literaturnobelpreisträgerin, man rechnete nach, wie viele Preisträger es bis dato gegeben hatte und wie viele es in den kommenden Jahrzehnten geben könnte. Man ordnete die Preisträger nach Bundesländern, Größe und Farben und hoffte auf einen Musiknobelpreis für Hansi Hinterseer. Die intellektuellen Medien des Landes wünschten der Schriftstellerin anlässlich der Verleihung, sie möge sich auch weiterhin der heimischen »Umarmungsgesellschaft« entziehen können. Lediglich der Kronen Zeitung war an diesem Tag die Schlagzeile »Führerschein kann schnell weg sein!« wichtiger als der Nobelpreis. Alles andere wäre auch inkonsequent gewesen.

Wir sind Oscar!

Unlängst mussten wir uns mit den deutschen Nachbarn auch noch um das Oscar-Aushängeschild Christoph Waltz streiten. Wollten die doch unseren Christoph vereinnahmen, als er 2013 seinen ersten Oscar für »Inglorious Bastards« einheimste. »Oscar für Deutschland, basta!« formulierte der deutsche Tagesspiegel angriffslustig. Obwohl Waltz einen deutschen Pass hatte (die österreichische Staatsbürgerschaft folgte im Jahr 2010), stellte er rasch klar, wofür sein goldenes Herz schlägt: »Ich bin in Wien geboren, ich bin in Wien aufgewachsen, ich bin in Wien zur Schule gegangen, ich habe in Wien Matura gemacht, ich habe in Wien studiert, ich habe in Wien mein Berufsleben begonnen, ich habe in Wien zum ersten Mal Theater gespielt, ich habe in Wien zum ersten Mal gedreht, es gibt noch ein paar Wiener Details. Wie österreichisch wollen Sie es denn noch haben?«

Noch Fragen, liebes Deutschland? Selbst in einer US-Talkshow ließ Waltz klar erkennen, woher er stammt, denn die Geografiekenntnisse der meisten Amerikaner enden bekanntlich östlich von New York. »Der Unterschied zwischen Deutschland und Österreich ist wie der Unterschied zwischen einem Schlachtschiff und einem Walzer«, erklärte er vor laufenden Kameras dem Gastgeber Conan O'Brian. »Österreicher machen sich das Leben gerne leichter. Sie sind sehr höflich, meinen es aber nicht so.« Als ihn O'Brien auf das Klischee ansprach, Deutsche hätten keinen Humor, meinte Waltz: »Das ist kein Klischee!« Genau so wollen wir das hören, und hätte es vor 200 Jahren Talkshows gegeben, so hätte Beethoven sicher ähnlich klare Worte gefunden!

Der unbeliebte Österreicher: Adolf Hitler

Wenn schon von Österreichern die Rede ist, die man auf Biegen und Brechen einbürgern möchte, soll hier noch einer Erwähnung finden, den man rückblickend lieber ausbürgert. Im Gegensatz zu reihenweise Mozart-Sterbehäusern, Beethoven-Arbeitsstätten oder Schubert-Nasenbohrorten spielt die Existenz von Adolf Hitler für den Wiener Tourismus nur eine untergeordnete Rolle. Geboren im oberösterreichischen Braunau lebte er eine Zeit lang im sechsten Wiener Gemeindebezirk in einer winzigen Kellergeschoßwohnung, die er sich mit einem Freund teilte. 1910 logierte er im Männerwohnheim Meldemannstraße, ein Obdachlosenasyl im 20. Bezirk zwischen Donau und Donaukanal. Um Karriere zu machen, ging Hitler nach Deutschland und kam drei Jahrzehnte später zurück. Er wollte seiner Stadt »jene Fassung geben, die dieser Perle würdig ist«. Das Asyl ist mittlerweile ein Altenpflegeheim, der heutige Name

»Seniorenschlössl Brigittenau« lässt den prominenten ehemaligen Gast nicht erahnen. Die Spuren des obersten Nationalsozialisten sind in Österreich nicht zu sehen. Im besten Fall, um Nazi-Kultstätten zu verhindern, obwohl man durchaus auch Alt- und Neonazis akzeptiert, um die Nächtigungszahlen zu steigern. Wahrscheinlich ist es jedoch einfach zu peinlich, Hitlers Spuren hervorzukehren.

Wem gehört Ötzi?

Als man 1991 in den Ötztaler Alpen einen der bedeutendsten archäologischen Funde machte, begann ein erbitterter Kampf um die Nationalität die Leiche. Genau 90 Meter von der heutigen österreichischen Grenze entfernt verstarb in der Jugendsteinzeit ein Mann, den man heute Ötzi nennt. 90 Meter zu weit weg, die Mumie sprach man den Italienern zu.

2006 trat dann ein Grenzvertrag zwischen Österreich und Italien in Kraft. Er legte – 87 Jahre nach dem Vertrag von St. Germain – fest, dass das Stückchen Land am Hauslabjoch, auf dem man den Fund gemacht hatte, zu Österreich gehört. Allerdings nicht ständig und immer. Denn es geht um die Lage der Wasserscheide, die bei Gletschern variabel ist. Damit ist die Fundstelle – je nach Zustand des Gletschers – auf italienischem (bei derzeitigem Gletscherzustand) oder österreichischem Terrain (bei vollständigem Abtauen des Gletschers). Der Klimawandel vergrößerte also das Staatsgebiet, ganz ohne militärische Intervention. Ötzi kann demnach als europäisches Gemeinschaftsprojekt gesehen werden. Schließlich wurde der »Mann aus dem Eis« von einem deutschen Ehepaar gefunden, von österreichischen Gerichtsmedizinern untersucht und in Südtirol museal ausgestellt.

Was nicht bedeutet, dass Ötzi ein Italiener war. Denn seit wann bekommt man die Nationalität jenes Landes, in dem man verstirbt? Einiges spricht dafür, dass Ötzi ursprünglich ein Österreicher gewesen ist, etwa der Umstand, dass die bei ihm gefundenen Gallensteine auf einen erhöhten Cholesterinspiegel zurückzuführen sind. Am Gallenleiden ist der Gletschermann jedoch nicht verstorben. Vermutlich wurde er durch einen Pfeil von hinten ermordet. Nach dem Täter wird noch gefahndet.

Staatsform

Die Erste Republik in der Zwischenkriegszeit ging zwar einigermaßen in die Hosen, hat den Österreichern aber dennoch so gut gefallen, dass sie eine zweite wollten. 1918/19 wurde die Erste Republik ins Leben gerufen und nach dem Zweiten Weltkrieg die Zweite Republik oder für die Jungen:»Republik Reloaded«. Österreicher sind stolz darauf, eine demokratische Republik zu sein. Auch wenn niemand so richtig weiß, was das genau bedeutet. Wir sind ja auch stolz auf die gute Luft. Ohne zu wissen, wie sie genau zustande kommt. Darüber hinaus ist Österreich auch ein föderalistischer Staat. Das bedeutet, die neun Bundesländer dürfen gelegentlich so tun, als ob sie eigene Nationen wären. Der Nationalrat des Bundes hat weitaus mehr politische Macht als der Bundesrat, der die Länder vertritt. Damit ist Österreich eigentlich nur ein bisschen föderal. Der Staat springt ein, wenn ein Bundesland was versemmelt. Droht zum Beispiel ein Bundesland pleitezugehen, weil es Suchtprobleme mit dem Spielen hat, übernimmt Papa oder Mama Bund die Haftung.

Doch die Länder prägen die Identität ihrer Bewohner meist stärker als das gesamte Konglomerat Österreich. Der Großteil der Bundesländer existiert in ihrer jetzigen Form länger als das Bundesgebiet. Dass etwa die Vorarlberger nach dem Ersten Weltkrieg die Nase voll hatten von Österreich und eigentlich Schweizer werden wollten, jedoch nicht durften, und die Südkärntner eigentlich nur mithilfe zahlreicher Stimmen der (später von den Kärntnern eher unfreundlich behandelten) slowenisch-stämmigen Bevölkerung per Abstimmung zu Österreich kamen, mag so manche lokale Eigenart erklären.

So ist man am Inn stolzer drauf, Tiroler zu sein, als darauf, aus Österreich zu kommen. Unter Selbstbestimmung verstehen die Bundesländer regional-saisonale Gesetze, Schulen und Krankenhäuser. Dadurch kommt es immer wieder zu absurden Situationen. Etwa müssen die Wohnräume von Bundesland A höher sein als die in Bundesland B, man hat ja schließlich verschiedene Bauordnungen, die das so vorsehen. Ein Jugendlicher darf abends mal bis 22 Uhr fortbleiben, ein paar Meter weiter bis 1 Uhr. Aus ganz ähnlichen Gründen sollte man es möglichst vermeiden, an einer Bundesländergrenze einen Herzanfall zu erleiden. Wenn man Pech hat, fährt die Rettung ins 40 Kilometer weite Landesklinikum und nicht ins Spital ums Eck, das leider im feindlichen Nachbarbundesland liegt.

Föderalismus muss man sich finanziell leisten können; neun Länder, 80 Bezirke und 2357 Gemeinden kosten eine schöne Stange Geld. So wird diskutiert, den Föderalismus auszubauen, ihn überhaupt erst richtig einzuführen, ihn gänzlich abzuschaffen und damit die modernen Landes-Fürsten abzusetzen oder eine landestypische Lösung anzustreben, bei der man die neun Bundesländer einfach in neun Erlebnisregionen umbenennt und alles weitere beim Alten belässt. Doch wir wissen ja, wie die Österreicher es mit Veränderungen halten – es wird also wohl alles noch eine Zeit lang so bleiben, wie es ist.

Alles in allem ist Österreich also eine demokratisch föderalistische Republik. Oder man hält es mit dem Kandidaten, der vor vielen Jahren in einer österreichischen Quizshow auf die Frage »Welche Staatsform hat Österreich?« nach längerem Nachdenken antwortete: »Keulenförmig!« Womit er irgendwie absolut recht hatte.

Die zwei großen Lager

Das Binnenland Österreich kennt man als Insel der Seligen. In Bezug auf die Vehemenz, mit der die Nation ihre Konflikte austrägt, mag das auch stimmen. Zwar gibt es hierzulande wie überall auf der Welt unterschiedliche Lager, Weltanschauungen oder Ethnien und zwischen ihnen kommt es mal zu Konflikten, doch gemäßigt. Der letzte bewaffnete Bürgerkrieg war 1934. Die Kämpfe zwischen Poli-

zei, Bundesheer und Heimwehr sowie republikanischem Schutz-
bund sind bis heute Anlass für Wirtshausdebatten. Volkspartei und
Sozialdemokraten streiten darüber, wer damals den Streit vom Zaun
gebrochen hat, aber spätestens nach dem dritten Glas Wein mag
man einander wieder.

Heftigere Debatten gibt es eher beim Fußball. »Austria oder
Rapid?«, lautete in meinen Kindertagen die erste Frage, die einem
Buben gestellt wurde, der in eine neue Volksschule kam. Die beiden großen Wiener Fußballvereine spalteten die Bundeshauptstadt in zwei Lager. Wer nicht in Schwierigkeiten geraten wollte,
sagte: »Ich find beide Mannschaften gut!« Damit hatte er es sich
möglicherweise mit einer der Reichshälften verscherzt, wurde jedoch ob dieser Antwort als fußballmäßiger Dilettant nicht weiter
behelligt.

Politisch ist das Land zwischen Rot und Schwarz aufgeteilt, obwohl die Großparteien in der heutigen politischen Landschaft bei
weitem nicht mehr so groß sind wie anno dazumal. Wer in Österreich beruflich weiterkommen wollte, dem blieb die Zugehörigkeit
zu einem der beiden Lager nicht erspart. In den 80er-Jahren besaß
noch jeder fünfte Einwohner ein Parteibuch, das einem Büro- aber
auch Wohnungstüren öffnete, wenn man auf der Suche nach Arbeit oder einer Bleibe war. Parteibücher sind nicht mehr so angesagt. Aber wenn man »jemanden kennt« aus der (richtigen) Partei,
schadet das nicht. Institutionen gelten nach wie vor als traditionell
Rot oder Schwarz. Die Österreicher denken sich nicht viel dabei, es
ist nun mal so, war schon immer so und wird wohl auch weiter so
bleiben.

Früher waren die meisten Österreicher katholisch, man hatte
also nicht viel Anlass für religiöse Dispute. Dafür gab es »rote« und
»schwarze« Familien. Man diskutierte heftig am Esstisch über Politik und versuchte die Nachkommenschaft davon abzuhalten, das
traditionelle Familienlager zu verlassen. Erst der kometenhafte
Aufstieg der Freiheitlichen unter Jörg Haider und die Gründung

der Grünen machte die politische Landschaft bunter, pluralistischer und damit demokratischer. Auch wenn wir seitdem in Kauf nehmen müssen, dass man anhand des Wahlergebnisses sehr viel genauer sieht, wie die Österreicher politisch ticken. Doch es ist fraglich, ob die Österreicher tatsächlich so weit rechts ticken, wie ihnen vom Ausland nachgesagt wird, bzw. rechter ticken als so manch anderes europäisches Land. Wahrscheinlich stehen uns die Franzosen da in nichts nach, die ihr Land im Angesicht des Terrorismus zunehmend blau einfärben. Wir brauchen allerdings hierzulande keinen Terrorismus, wir werden auch angesichts der Kurzparkzonen, Sozialschmarotzer und Ausländer blau.

Und natürlich hat der so lange Zeit ungeliebte Sohn des Landes Thomas Bernhard recht, wenn er meint: »Die Mentalität der Österreicher ist wie ein Punschkrapfen: außen rot, innen braun und immer ein bisschen betrunken.« Das erklärt sowohl seine Landsleute als auch seine Ungeliebtheit.

Der österreichische Journalist Armin Thurnher antwortete auf die Frage, ob man das Land nun als rechts oder links bezeichnen könnte: »Österreich ist wahrscheinlich ein gemäßigt linkes Land, aufgrund der doch seit Jahrzehnten herrschenden Sozialpartnerschaft, die allzu große soziale Verwerfungen verhindert. Daran ändert auch die überwiegend konservative Gesinnung der Bevölkerung nichts.« Man ist also quasi konservativ sozial. Und man kokettiert vor allem dann gerne mit dem rechten Gedankengut, wenn es entsprechend »goschert« (frech) präsentiert wird. Das gefällt, wenn man es »denen da oben« zeigen kann. Viele Wähler des rechten Lagers wollen, laut Umfragen z. B. des Meinungsforschungsinstitutes Unique 2015, die Gewählten gar nicht in der Regierung sehen. Es geht ihnen um einen Denkzettel und wieder mal, wie im Straßenverkehr, die erzieherische Maßnahme.

Sozialpartner

Musste man sich früher für nahezu jede Unternehmung den Sanktus, also die Erlaubnis, vom Kaiser holen, so gilt es heute, auf die Entscheidung der Sozialpartner zu warten. Die Interessen der Arbeitnehmer vertreten die (sozialdemokratisch dominierten) Arbeiterkammern und der österreichischen Gewerkschaftsbund, die Interessen der Arbeitgeber die (christdemokratisch dominierten) Wirtschafts- und die Landwirtschaftskammern. Kritisiert wird, dass politische Entscheidungen am grünen Tisch im Hinterzimmer gefällt werden und nicht im Parlament. Schließlich mischen im Hinterzimmer Personen aus den politischen Fraktionen mit. Gemeinsam mit den Parteien lenken die Sozialpartner das Geschick des Landes. Man streitet über Löhne, Arbeitsbedingungen, aber auch generell über wirtschaftliche und soziale Angelegenheiten. Gestreikt wird verhältnismäßig wenig, man redet sich zusammen.

Bei dieser tollen österreichischen Einrichtung »Sozialpartner« muss man freiwillig verpflichtend dabei sein. Wirtschaftstreibende, Bauern und Arbeitnehmer sind bei den Interessensvertretungen Pflichtmitglieder, die Zugehörigkeit zur Gewerkschaft wird zumindest dringend empfohlen, oder um es Österreichisch zu sagen: »Es schad' zumindest nix!«

Ja, dürfen's denn des?

Kaiser Ferdinand I., der Gütige, war einer von vielen Herrschern im Habsburgerreich, die mit ihrer Rolle als Monarch nur schwer zurechtkamen. Von seinen Untertanen liebevoll auch »Gütinand, der Fertige« genannt, fungierte er eher als Marionette des Staatskanzlers Metternich und der Erzherzogin Sophie (Mutter des künftigen Kaisers Franz Joseph), die den Ruf »einziger Mann am Hofe« hatte. Als im Revolutionsjahr 1848 die aufgebrachten Bürger durch die Straßen und auf die Hofburg zumarschierten, soll er Metternich gefragt haben: »Was mach'n denn all die viel'n Leut' da? Die san so laut!« Worauf der Staatskanzler antwortete: »Die machen eine Revolution, Majestät.« Ferdinand entgegnete kopfschüttelnd: »Ja, dürfen's denn des?« Sie durften das nicht in der k.u.k.-Monarchie, taten es trotzdem und Ferdinand dankte ab. Sein Nachfolger Franz Joseph erlaubte es mit Einschränkungen, bevor 1918 die unumschränkte Vereins- und Versammlungsfreiheit beschlossen wurde. Jeder darf auf die Straße gehen und demonstrieren, eine Genehmigung braucht er dafür eigentlich nicht. Einzig die Polizei sollte man vorher informieren. Liegen keine Sicherheitsbedenken vor, kann es losgehen. Bei Demonstrationswilligen sorgt es dennoch immer wieder für Unmut, wenn sie ihr Recht auf Versammlungsfreiheit aufgrund »aufgehetzter Stimmung«, »Gefahr im Verzug« oder »zu leicht bekleideter Demonstranten« nicht ausüben können. 1994 wurde kurzerhand ein Demonstrationsverbot verhängt, als der chinesische Ministerpräsident Li Peng zu einem Staatsbesuch nach Österreich kam. Li Peng war mit verantwortlich am Massaker am Platz des Himmlischen Friedens in Peking 1989. Österreich wollte sich fünf Jahre später Li Peng gegenüber gastfreundlich zeigen. Es ist schließlich ein Land, in dem sich jeder wohlfühlen soll und den Alltag daheim vergessen. Außerdem gibt es da noch die heilige Kuh des Wirtschaftsstandortes Österreich … Demonstrationen wären aus so vielen Gründen unpassend gewesen.

Die Wirtschaftstreibenden legen hierzulande mitunter recht flexibel die Verfassungsrechte aus. Eine Demonstration? »Bitte schleunigst verbieten, es droht uns Verdienstentgang.« Doch auch wenn sie mit ihren Argumenten keine Chance haben, ist es ihr gutes Recht, sie vorzubringen. Die Meinungs- und Redefreiheit ist schließlich unumschränkt, sodass jeder so viel Unsinn verzapfen darf, wie er will. Interessant wird es dann, wenn dieser ernsthaft diskutiert wird. Immer wieder gibt es Debatten, ob es nicht ein Demonstrationsverbot für die großen Einkaufsstraßen geben sollte, da diese Versammlungen gerade dort geschäftsschädigend sind. Die damalige Bezirksvorsteherin der noblen Inneren Stadt in Wien forderte gar den Einsatz des Bundesheeres und eine Sperrzone, um Demonstranten davon abzuhalten, gegen den Akademikerball als umstrittene Veranstaltung des rechten Lagers zu protestieren. Im Gegensatz zu Kaiser Ferdinand hatte aber Kaiserin Ursula vergessen, dass in der Zweiten Republik mittlerweile die Antwort auf die Frage »Dürfen die das denn?« »Ja« lautet.

Skandale

So klein das Land, so vielfältig die Skandale. Korruptions- und Schmiergeldaffären rund um das Allgemeine Krankenhaus, die Hypo-Bank, um Eurofighter und Waffenschiebereien finden so oder ähnlich wohl überall statt. Ein Wein-Skandal aber hat landestypisches Flair.

Würde man all die elektronischen Daten ausdrucken, die für den Hypo-Untersuchungsausschuss an das Parlament übermittelt wurden, stünde man vor einem Papierberg von über 5000 Metern Höhe. Ein Aktenberg, den man nicht einmal im passionierten Beamtenstaat Österreich ohne Sauerstoffflasche erfolgreich bewältigen könnte. Tatsächlich bleibt einem bei der Hypo-Alpe-Adria-Bankenpleite die Luft weg, rund 19 Milliarden Euro wurden versenkt.

Der österreichische Journalist Helmut Brandstätter scheitert zwar im Bereich Geografie, wenn er meint, »die Donau fließt in Sizilien«, politisch kann man ihm Recht geben. Die von Österreichern vollzogenen Handlungen würde man überall sonst auf der Welt als »Korruption« bezeichnen, hierzulande aber niemals. Man tut einander »Gefallen«, die man einander »schuldet«, man »hilft in schwierigen Zeiten«, um in besseren Zeiten die Zinsen zu erhalten, man besinnt sich auf die guten »persönlichen Kontakte«.

Während man von Wien oder Kärnten fast schon einen saftigen Skandal pro Jahr erwartet, gibt es Bundesländer, die doch überraschen, wenn sie sich bekleckern. Als Max Reinhard und Hugo von Hofmannsthal Salzburg als »ideale Bühne« für ihr Projekt auserkoren, meinten sie die von italienischen Architekten geplante imposante Innenstadt, die alljährlich als Kulisse für die »Salzburger Festspiele« dient. Doch Salzburg wurde selbst zum Schauspiel, die Jedermann-Stadt kam in die Schlagzeilen. Vielen Österreichern ist der Salzburger Finanzskandal noch in guter Erinnerung: Der Präsidialchef der Salzburger Landesregierung hatte eine gewaltige Summe unterschlagen und auf einem getarnten Konto geparkt. Vom angeblich unwissenden Landeshauptmann bekam er jede Menge Blanko-Unterschriften. Ach ja, der Skandal ereignete sich 1918.

2012 gab es ein Dacapo. Zwar hatte sich niemand bereichert, aber es wurde vom Land zumindest viel Geld verzockt. Salzburg blieb auf rund vier Milliarden Euro Schulden sitzen. In echtem Geld: Damit könnte man nahezu jedem Erdenbürger eine Mozartkugel kaufen!

Rücktritt gibt's nur beim Fahrrad

Bevor in Österreich ein Entscheidungsträger seinen Hut nimmt, muss er Gröberes ausgefressen haben als schweren Betrug oder Körperverletzung unter besonders gefährlichen Umständen.

So löste 1986 die unklare Rolle Kurt Waldheims (ehemaliger UN-Generalsekretär und damals Bewerber um das Amt des Bundespräsidenten) im Zweiten Weltkrieg national und international lang anhaltende, heftige Debatten aus. War Waldheim Mitglied einer brutalen SA-Reiterstandarte gewesen und an Kriegsverbrechen beteiligt? Waldheim wies dies von sich und meinte, er hätte viele Erinnerungslücken. Die Gegenparteien waren empört und der Bundeskanzler Fred Sinowatz sagte:»Ich nehme zur Kenntnis, dass Waldheim nicht bei der SA war, sondern nur sein Pferd.« Waldheim gewann die Wahl zum Bundespräsidenten, wohl nicht zuletzt aus Trotz der Bevölkerung. Die USA untersagten Waldheim die Einreise und setzten ihn auf die Beobachtungsliste. Der ÖVP-Generalsekretär Michael Graff setzte später noch einen drauf, als er sagte:»So lange nicht bewiesen ist, dass Waldheim eigenhändig sechs Juden erwürgt hat, gibt es kein Problem.« Graff musste daraufhin zurücktreten. Waldheim nicht. Rücktritte sind in Österreich sehr unüblich.

1978 etwa war die Abstimmung gegen die Kernkraft in Österreich stark an die Person Bruno Kreiskys geknüpft. Der damalige Kanzler drohte mit Rücktritt, sollte das Votum gegen Zwentendorf ausgehen. Das Votum ging gegen Zwentendorf aus. Kreisky trat nicht zurück. Einen Rücktritt anzudrohen, aber nicht auszuführen, ist eine fast schon typische österreichische Eigenart. Und die kommt ganz gut an bei der Bevölkerung. Denn ein Jahr danach, bei der Nationalratswahl 1979, feierte Kreisky seinen größten Wahlerfolg. So sehr man sich in der Bevölkerung über solch leere Drohungen echauffiert, krumm nimmt man sie den Drohenden nicht. So konnte sich das nette folkloristische Brauchtum entwickeln, eine Wahl an die eigene Person zu knüpfen und »für den Fall, dass…« Stein und Bein zu schwören, »zurückzutreten«, »nie wieder zu schwätzen« oder »das Rauchen aufzuhören«.

Der ÖVP-Chef Wolfgang Schüssel war 1999 mit der Aussage angetreten, in die Opposition zu gehen, so seine Partei nur den dritten Platz ergattere. Als seine Partei tatsächlich den dritten Platz ergatterte, ging er natürlich nicht in die Opposition, sondern paktierte mit der umstrittenen FPÖ, die ihn zum Kanzler machte. Die Rechnung ging auf und Schüssel fuhr bei der darauffolgenden Wahl zur Belohnung ein gutes Ergebnis ein.

Das Erfolgskonzept wurde auch bei der Wien-Wahl 2015 von der Grünen Spitzenkandidatin Maria Vassilakou angewendet, die den Wählern mit Rücktritt drohte, wenn ihre Partei Verluste einfahre. Nach dem Einfahren von Verlusten ließ sie sich als Spitze bestätigen.

Angekündigte Katastrophen finden in Österreich also nicht nur nicht statt, sondern sind sogar so konzipiert, dass sie nicht stattfinden können, wenn sie angekündigt sind. Als die Freiheitlichen und die heimischen Medien ein Kopf-an-Kopf-Rennen, ein »Duell um

Wien« zwischen amtierendem Rot und provozierendem Blau ankündigten, war klar, dass sich nicht allzu viel ändern würde. Aus dem Kopf-an-Kopf wurde eher ein Kopf-an-Hintern und das rote Wien blieb weitgehend auch weiterhin rot.

Immaterielles Unesco-Weltkulturerbe »Freunderl-Wirtschaft«

In Österreich gibt es mehrere Wege, eine Tür zu öffnen. Verfügt man nicht über den passenden Schlüssel, so helfen Beziehungen. Wer hierzulande einen Antrag stellt oder zu einem Vorstellungsgespräch geht, wird meist zuvor gefragt:»Kennst du wen?« Man geht schon aus Prinzip davon aus, dass kaum einer niemanden kennt. Dazu ist das Land dann doch zu klein und zu überschaubar. Das Spielenlassen der Beziehungen gehört hierzulande zum guten Ton und Gefälligkeiten gelten, im Gegensatz zum unsicheren Euro, als harte Währung. Wer eine Kur bewilligt haben möchte, tut gut daran, auch persönlich einen Arzt zu kennen, einen Gutachter, jemand von der Gebietskrankenkasse, zur Not auch den Postbediensteten, der mit dem Leiter-Stellvertreter der Bewilligungsstelle in die Sauna geht.

Wer in der Ambulanz eines Krankenhauses rascher drankommen möchte, lässt seine Beziehungen spielen. Wenn man jemanden »kennt«, so ist die Wartezeit indirekt proportional mit der hierarchischen Position der bekannten Person. Theoretisch hätte man einen großen Startvorteil den Mitpatienten gegenüber – aber die kennen auch alle jemanden. Nun geht es also nicht mehr um einen erbitterten Wettbewerb zwischen den wartenden Patienten, sondern um eine Art Stellvertreterkrieg zwischen den Protegierenden. Es geht um das Sichtbarwerden der eigenen überlegenen Position, indem man den Schützling als Erstes ins Ziel bringt. Dumm läuft es für all jene, die»niemanden kennen.« Die können sich im Prinzip gleich auf die Pathologie legen.

Selbst bei Dingen, die jeder auch ohne»Beziehungen« oder»Vitamin P« problemlos erhält, beschreitet der Österreicher den Weg der Protektion: Selig all jene, die eine persönliche Beziehung zum Liftwart, zum Mitarbeiter in der Anzeigenabteilung der Niederösterreichischen Nachrichten oder zu einem Kartenabreißer in der Wiener Stadthalle haben, der zwar nicht befugt ist, Freikarten für ein Konzert von Andreas Gabalier zu vergeben, aber die Karten viel gefühlvoller abreißt als bei den anderen Besuchern.

Wer seinen Wein ab Hof kauft, kauft natürlich von einem Weinbauern, den »man kennt« und von dem man eine günstige Sonderabfüllung bekommt. Darauf ist man stolz, das erzählt man gerne weiter und bietet auch anderen Menschen an, an diesem Beziehungsnetzwerk teilzunehmen. Das freut den Neuling in der Weinwelt ebenso wie den alten Hasen, der nun ein paar Punkte mehr auf seinem Gefälligkeitskonto hat. Und vor allem freut es den Weinbauer, der jetzt mehr verkauft. Als Dank bietet er jedem seiner Kunden – extra nur für ihn – eine günstige Sonderabfüllung zum Verkauf an.

Alle fühlen sich wohl, eingebettet in diesem sozialen Netzwerk, in dem sie in allen Lebenslagen jemanden belangen können. So darf es einen nicht verwundern, wenn der Wiener Nachbar einem beim Rausstellen der Mülltonne verschwörerisch zuflüstert: »Die wird immer ganz gründlich von der MA-48 ausgeleert. Weil dort kenn ich wen!«

Nachbarschaftshilfe oder Korruption

Nicht dass solche Begünstigungen in Österreich erfunden worden wären. Nur lassen sie sich in dem überschaubaren Land weitaus effektiver anwenden als woanders. Man sagt, dass jeder mit jedem auf der Welt über maximal sechs Ecken bekannt ist; in Österreich sind es maximal zwei Ecken, meist ist man über sie sogar blutsverwandt oder wenigstens verschwägert.

Natürlich wird das Kleine-Welt-Phänomen gerne im großen Stil ausgekostet. Dann geht es nicht um die Wartezeiten im Krankenhaus, sondern um die Wartezeiten bei der Vergabe eines öffentlichen Auftrages. Nicht um geleerte Mülleimer, sondern anonyme Konten, nicht um ein superschickes Handy, sondern einen teuren Eurofighter. Das alles reüssiert international unter dem Wort »Korruption«, das hört man hierzulande aber nicht gerne. Wer Korruption vorwirft, greift die heimische Tradition an, das immaterielle Weltkulturerbe »Freunderl-Wirtschaft«. Und wer mehr Transparenz einfordert, der soll sich überlegen, wie das bitte funktionieren soll; wir reden hier von einem Land, das wegen seiner vielen Berge so undurchsichtig ist, dass man in den nördlichen Bundesländern nicht einmal mitbekommt, was sich in Kärnten abspielt.

Neutral und nett zu allen

Die Österreicher sind also besonders stolz auf ihre Berge. Aber auch auf die Luft und die Gemütlichkeit und nicht zuletzt auf die Neutralität ihres Landes. Neutral zu sein bedeutet hier nicht, keine Meinung zu haben, sondern sie nicht zu sagen. Man möchte niemanden vor den Kopf zu stoßen. Niemanden etwa, der findet, man solle mit bestimmten Personen keinen Umgang pflegen. So ist man eben, wenn man unparteilich neutral sein will. Doch dann ist auch der Grat zwischen einer neutralen Haltung und der Anbiederung an Staaten und Politiker schmal.

Immer wieder blickt man aus dem Ausland etwas verblüfft auf das kleine Österreich. Da sitzen Österreicher mit Personen von international zweifelhaftem Ruf bei Kaffee und Apfelstrudel beisammen, die in anderen Ländern auf der Beobachtungsliste stehen.

Putin zum Kaffeekränzchen

Während die EU im Rahmen des Ukraine-Konflikts mit einem wirtschaftlichen Boykott gegen Russland drohte, lud der kleine neutrale EU-Mitgliedsstaat Österreich den Präsident Wladimir Putin 2014 nach Wien, um ein paar Geschäfte unter Dach und Fach zu bringen. Aber beschweren solle sich da niemand, schließlich habe man es mit den Nachbarn abgesprochen, dass man die Persona non grata zum Kaffeekränzchen einladen dürfe. Mit einer gewissen Neugier beobachteten die Österreicher, wie Putin mit dem Bundespräsidenten, dem Kanzler und dem Chef der Wirtschaftskammer beisammensaß. Die Geschäfte liefen einfach zu gut. Als die Frage fiel, welche Karte man spielen sollte: EU-Solidaritäts-As oder den Neutralitäts-Joker, wählte man eben letzteren. Man denke auch daran, dass die größten österreichischen Banken schließlich jede Menge Geschäfte in Russland am Laufen haben. Und zuvor bei den Olympischen Spielen im russischen Sotschi hatten österreichische Unternehmen viel Geld gemacht. Vielleicht auch dank Skiheld Karl Schranz? Er gilt als persönlicher Freund Putins und als einer seiner einflussreichsten Berater für die Austragung der Olympischen Spiele in Sotschi.

Im Rahmen des Besuches Putins besiegelten die Verantwortlichen ein weiteres Geschäft: Der heimische Öl- und Gaskonzern OMV und der russische GAZPROM werden beim Bau der umstrittenen Gas-Pipeline South Stream, an der Ukraine vorbei, kooperieren. Damit wird das österreichische Baumgarten zum größten Erdgasknotenpunkt Russlands in Europa. Und die Chance, »größtes irgendwas« zu werden, möchten sich die österreichischen Verantwortlichen nicht entgehen lassen. Erst wenn ein solcher Vertrag unter Dach und Fach ist, erst dann darf man so böse Wörter sagen wie »Menschenrechte« oder »Völkerrecht«. Putin durfte dann noch bei strahlendem Sonnenschein einen Kranz am Denkmal der Roten Armee am Wiener Schwarzenbergplatz niederlegen; und in der Wirtschaftskammer referierte er vor 100 Wirtschaftstreibenden über russische Wirtschaftsinteressen. Die Stimmung war locker, und der neben Putin sitzende Bundespräsident tätschelte ihm freundschaftlich den Rücken.

Als der Wirtschaftskammerpräsident Christoph Leitl stolz darauf hinwies, dass er in seiner nun schon 14-jährigen Amtszeit Putin bereits dreimal empfangen durfte, antwortete der russische Präsident auf Deutsch: »Aha, Diktatur!«, um nach einigen Sekunden nachzusetzen: »Aber gute Diktatur.« So freut man sich über Applaus von der richtigen Seite.

Alles in allem ein gelungenes Kaffeekränzchen. Alle waren zufrieden, die Ski-Legende, die Gas-Manager und die Präsidenten-Pressesprecher. Der ukrainische Demonstrant und die Vertreterin der lesbischen Aktivisten sagten gar nichts, da sie zu dem Kaffeekränzchen nicht eingeladen waren.

Heimisches Hände-, internationales Kopfschütteln

Weltweit rätselte man, was das kleine Land geritten hatte, seine Partikularinteressen in einer derart angespannten politischen Lage zu verfolgen, statt Solidarität mit den EU-Staaten zu suchen. Die »Welt« schrieb von der »seltsamen Russland-Liebe der Österreicher«. Doch die Österreichische Präsidentschaftskanzlei stellte schnell klar, dass hier ein Missverständnis vorlag: Wladimir Putin, so betonte man immer wieder, sei doch nicht zu einem »Staatsbesuch« gekommen. Ein »Staatsbesuch« Putins hätte, so kurz nach der Annexion der Krim, viele vor den Kopf gestoßen, und das lag natürlich fern. Nein, Putin kam doch nur zu einem »Arbeitsbesuch« nach Wien, quasi ein Business-Lunch in hübschem Ambiente. Das sei doch ganz klar, schließlich gabs ja auch kein Spalier für ihn am Flughafen. Und Österreich ist einfach so gastfreundlich, dass wenn ein Gast wie Putin oder jeder andere x-beliebe Geschäftsmann vorbeischaut, dass man dann halt als Gast gemeinsam mit dem österreichischen Präsidenten über einen roten Teppich schreiten darf, eine Ehrenkompanie der Garde für einen aufmarschiert und neben der österreichischen auch die Nationalhymne des Heimatlandes des Gastes gespielt wird. Die Gäste des Landes sollen sich schließlich wohlfühlen hier.

Österreich hat diesbezüglich wenige Berührungsängste und wiegt sich in der Sicherheit der Neutralität. Auch wenn das so manch unentspannten Diplomaten sauer aufstoßen mag: Wie kann man sich nur mit Repräsentanten eines Regimes verbrüdern, gegen das man mühevoll eine Allianz aufgebaut hat? Gleichzeitig führt Österreichs Vorgehen auf eine irgendwie schräge Art und Weise auch zu einer Annäherung zerstrittener Staaten und einer Entspannung unentspannter Diplomaten. Mögen andere Kriege führen, du glückliches Österreich bewirte die ungeliebten Gäste. Da freut sich auch die heimische Wirtschaft.

Big Player

Wer Österreich besser verstehen möchte, beschäftigt sich am besten mit den Big Playern. Sie sind einfach auszumachen, nämlich anhand ihres Namens, viele beginnen mit »Bundes-«.

Bundespräsident

Er ist so etwas wie die Queen. Er darf den Obmann oder die Obfrau der stärksten Partei beauftragen, eine Regierung bilden und bei Staatsbesuchen würdig dreinschauen. Er steht meist über den Dingen, wenn nicht gerade, wie Kurt Waldheim, mit einem Fuß auf der Beobachtungsliste der Vereinigten Staaten oder, wie Thomas Klestil, in den Klatschspalten des Landes, da er sich während seiner Amtszeit scheiden ließ und wieder verheiratete.

Ein gewisses Zähneknirschen meinte man zu hören, als Klestil im Jahr 2000 eine Mitte-Rechts-Regierung mit der umstrittenen Haider-FPÖ ernennen musste. Zwar wäre es verfassungsrechtlich möglich gewesen, sich zu weigern. Doch dann hätte er sich gegen die parlamentarische Mehrheit gestellt und eine Staatskrise ausgelöst. So ging Klestil den österreichischen Mittelweg: Er ernannte, blickte aber dabei böse drein.

Thomas Klestil litt über Jahre an einer Autoimmunerkrankung, an der er vor dem Ende seiner zweiten Amtsperiode im Jahr 2004 verstarb. Ende der 90er-Jahre wurde er vom fachlich kompetenten, jedoch recht schrulligen Arzt Wolfgang Graninger im Wiener Allgemeinen Krankenhaus behandelt. Im Rahmen der Behandlung wurde Klestil für ein paar Tage in Tiefschlaf versetzt. Leider versäumte es das Klinikum, die wichtigen Entscheidungsträger darüber zu informieren. Das sorgte verständlicherweise für eine gewisse Aufregung. Befragt, ob es nicht ein Sicherheitsrisiko für das Land darstelle, den ersten Mann im Staat so einfach mal aus dem Spiel zu nehmen, antwortete der Mediziner, Österreich werde »übers

Wochenende ja kaum der Ukraine den Krieg erklären.« Und wenn, dann würde man den Präsidenten schon wecken. Das war übrigens dann doch nicht nötig. Der Arzt hatte also, in Kenntnis der österreichischen Außen- und Eroberungspolitik, recht behalten.

Theoretisch könnte er viel, der Präsident. Praktisch darf er hingegen wenig. Er teilt damit das Schicksal der europäischen Königinnen und Könige: Konnten sie früher noch Kriege führen, Prunkschlösser bauen oder Untertanen köpfen, so hat dies nun ein Ende. Mit gestutzten Flügeln sitzen sie in goldenen Käfigen, winken heraus, besuchen Kindergärten und Ausstellungen in vor langer Zeit errichteten Prunkschlössern.

Ähnliche Aufgaben hat also der österreichische Präsident. Er darf übrigens ebenfalls, wie einige Monarchen unseres Kontinents, in einem Prunkschloss residieren. Und im Notfall, als Oberbefehlshaber des Bundesheeres, darf er sogar Kriege führen. Köpfen aber nicht. Im Gegenteil, es gehört zu den Aufgaben, jährlich zu Weihnachten ein paar Dutzende Straftäter zu pardonieren. Diese Amnestien haben in Österreich Tradition. Bereits im 19. Jahrhundert fanden solche Sammelbegnadigungen statt. Der umstrittene Präsident Kurt Waldheim bekam das allerdings nicht ganz so auf die Reihe. Er verwechselte die Amnestie mit der Amnesie, als er sich partout nicht mehr erinnern konnte, was er im Zweiten Weltkrieg so alles getan hatte. Vielleicht war das auch sein Versuch, sich selbst zu begnadigen. So oder so nahmen es ihm so manche Österreicher recht übel.

Der Präsident darf auch uneheliche Kinder zu ehelichen Kindern erklären. Das ändert zwar nicht viel an deren Rechten, aber es gibt diesem Big Player irgendwie den mystischen Nimbus eines Papstes, der Ehen annulliert, die nie geschlossen worden waren.

Zu allen heiligen Zeiten, also Nationalfeiertag und Neujahr, spricht der österreichischen Bundespräsident im Fernsehen zu seinen Mitbürgerinnen und Mitbürgern. Er redet sehr liebevoll und sanft mit uns. Wie ein Kaiser lobt er das Volk, wenn es brav gearbeitet hat, tadelt jene, die sich unredlich bereichert haben, und beglückwünscht alle, ein weiteres Jahr überstanden zu haben. Der Bundespräsident ist fast so beliebt wie die selige »Queen Mum«. Vielleicht wähnen manche in ihm gar einen »Ersatzkaiser«. Er residiert ja auch im Leopoldinischen Trakt der Wiener Hofburg und geht allein dorthin, wohin schon der Kaiser alleine gegangen ist. Und am Nationalfeiertag, am »Tag der Offenen Tür«, stehen tausende Österreicherinnen und Österreicher Schlange, um ihrem Präsidenten in der Hofburg mit einem kleinen Knicks oder einem Diener ihre Aufwartung zu machen und ihm die Hand zu schütteln. Sechs Jahre dauert eine Amtsperiode, eine Wiederwahl ist zugelassen. In einer Zeit der befristeten Beschäftigungsverhältnisse hat der Bundespräsident einen ziemlich guten Arbeitsvertrag erwischt. Die Job-Description für »Bundespräsident« liest sich auch sehr geil. »Was wir von Ihnen erwarten: Sie sind ein Österreicher oder eine Österreicherin, der/die das 35. Lebensjahr vollendet hat. Sie besitzen gute Führungsqualitäten, haben Freude am Bänderdurchschneiden, lieben flexible Arbeitszeiten und sind engagiert genug, auch abends oder am Wochenende für Ihren Job tätig zu sein. B-Führerschein ist nicht erforderlich, wir stellen Ihnen einen Chauffeur.« Seit 2011 darf man sogar als Nachfahre der Kaiserfamilie auf den Thron des Bundespräsidenten oder in Zukunft bestimmt auch der Bundespräsidentin. Bisher waren die Amtsträger nämlich alle männlich.

Bundeskanzler

Es ist eigentlich die wichtigste Person im Staat: der Bundeskanzler. Doch die Presse sieht das mitunter anders. Auf der Liste der »200 wichtigsten Österreicher« wählte eine heimische Tageszeitung 2014 den amtierenden Kanzler Werner Faymann auf Platz vier. Wichtiger sind in Österreich demnach: Conchita Wurst, Niki Lauda und Marcel Hirscher. Österreichs Politik also abgeschlagen auf Rang vier, hinter Unterhaltung, Wirtschaft und Skifahren.

Wäre das Land ein Schachspiel, so wäre der Kanzler die Dame, die im Gegensatz zum König (Bundespräsident) mehr Befugnisse hat, um gegen die gegnerischen Türme (Gewerkschaften) eine Nulllohnrunde durchzuboxen. Im Falle einer Alleinregierung wäre der Kanzler realpolitisch die mächtigste Person des Landes. Seit 1983 ist das aber nicht mehr vorgekommen. Und so einigen sich der Kanzler und seine Regierung mit den in die Gegenrichtung zerrenden Koalitionspartnern auf Stillstand.

Den Kanzler stellt meist die stärkste Partei, manchmal auch die drittstärkste. Zwar ist der Kanzler den Ministern gleichgestellt, ist jedoch »primus inter pares«, also »Erster unter Gleichen«, kurz auch Primat. Er ist mächtiger als alle anderen Politiker und nicht ganz so mächtig wie die Kronen Zeitung.

Was macht der Kanzler eigentlich beruflich?

»Was macht der Kanzler eigentlich beruflich?«, fragen meine Bühnenkollegen, die »Gebrüder Moped« ganz richtig. Das Interesse der Österreicher an Politik ist verschwindend gering. Wozu auch sollte es größer sein. Es wird ohnehin alles immer schlechter. Politiker gelten als »korrupt«, »unehrlich« und »karrieregeil«, haben also hierzulande ein ähnlich gutes Image wie in den meisten Ländern. Gerade mal jeder fünfte Bürger ist politisch interessiert, jeder zweite hält sich auf dem Laufenden und jedem anderen ist es einerlei. Wer unzufrieden ist, lässt seine Wut in der Wahlkabine raus, und so mancher verwandelt sich dort vom weltgewandten, freundlichen Dr. Jekyll in den furchteinflößenden Mr. Hyde.

Diese unberechenbare Haltung der Mitbürger stärkt Vorbehalte gegen die Einführung einer direkten Demokratie oder mehr direktdemokratischer Elemente. Vor allem die Großparteien sind skeptisch. Sie haben nicht ganz unberechtigte Ängste, wie das Volk abstimmen würde über Themen wie »Abschiebung krimineller Ausländer«, »Abschiebung krimineller Inländer« oder »Todesstrafe für Personen, die ihr Carport zu nahe an die Grundstücksgrenze bauen«. Dennoch sollen direkt-demokratische Instrumentarien künftig auf Landes- und Gemeindeebene gestärkt werden. Man könne auch dem Österreicher zutrauen, vernünftig zu entscheiden, wenn man ihn nur lässt, lautet das Argument. Ein frommer, wenn auch nicht unmöglicher Wunsch.

Luxus für Politiker

Bruno Kreisky residierte in den 70er-Jahren noch feudal in der Villa im noblen Wiener Bezirk Döbling, bevor er sich von der »Insel der Seligen« auf Mallorca auf der »Insel des Seligen« zur Ruhe setzte. Heutige Volksvertreter können sich solch einen Luxus kaum noch leisten. Weder politisch noch finanziell. Man hat es als Politiker nicht leicht, Wohnraum zu finden. In Salzburg diskutierte man, ob es in Ordnung sei, dass die Landeshauptfrau Gabi Burgstaller eine Genossenschaftswohnung bewohne und damit eine Sozialwohnung blockiere. Der Grün-Abgeordnete Peter Pilz lebt in einer etwa 60 Quadratmeter-Gemeindebauwohnung in Wien und bezahlt eine »marktübliche« Miete. Ob seines guten Einkommens habe der streitbare Politiker der Gemeinde angeboten, von Besserverdienern einen höheren Preis zu kassieren – was abgelehnt wurde. Und auch der Bundespräsident Heinz Fischer gab sich bescheiden, als er die eigene Stadtwohnung im achten Bezirk der 764 Quadratmeter großen, doch bereits etwas desolaten Präsidentenvilla, vorzog. First Lady Margit Fischer meinte zum Ende der Amtszeit, dass es ihr sicher schwerfallen würde, auf die präsidiale Sommerresidenz im steiermärkischen Mürzsteg sowie auf Chauffeur und Personal zu verzichten. Das Volk schalt sie sofort und mahnte sie zu mehr Bescheidenheit. Zu Unrecht, denn Frau Fischer engagierte sich stets sozial und schnitt ihrem Gatten sogar regelmäßig die Haare, was der heimischen Innung der Friseure nicht sonderlich schmeckte.

Minister

Österreich kann mit immerhin zwei Personen aufwarten, die mal Innenminister der Zweiten Republik waren und im Knast saßen: Franz Olah (SPÖ), der in seiner Funktion als ÖGB-Chef 1969 aufgrund widmungswidriger Verwendung von Gewerkschaftsgeldern ein Jahr »schweren Kerker« ausfasste. Und Ernst Strasser (ÖVP), den es als etwas zu aktiven EU-Abgeordneten erwischte. Im Gespräch mit Lobbyisten prahlte Strasser, er könne ein paar europäische Gesetze gegen eine finanzielle Zuwendung beeinflussen. Dumm nur, dass die Lobbyisten in Wirklichkeit Journalisten waren, die eine versteckte Kamera mitlaufen ließen. Strasser wurde zu drei Jahren Haft verurteilt und erlangte eine fragwürdige Berühmtheit. Als Freigänger half er bald im Partnervermittlungsinstitut seiner Lebensgefährtin aus und fast ebenso bald durfte er die elektronische Fußfessel am eigenen Leib ausprobieren. Auch wenn sich der Aufenthalt im Gefängnis nicht allzu positiv auf seine Tätigkeit als Politiker und Berater auswirken dürfte, muss sich Strasser über seine Altersversorgung nicht sonderlich viel Sorgen machen. Daher sei allen Menschen, die später einmal straffällig werden wollen, empfohlen, zuvor ein Ministeramt zu bekleiden.

Ein dritter Innenminister, Karl Blecha (SPÖ), ist mit einer bedingten Haftstrafe davongekommen. Ihm wurde 1993 im Waffenlieferungsprozess »Noricum-Skandal« lediglich Urkundenfälschung und Beweismittelunterdrückung vorgeworfen. Also genau genommen so etwas wie »Falschparken« und bedarf deshalb keiner weiteren Erwähnung.

Immer wieder mussten die höchsten Staatsdiener in die Tiefen der weltlichen Gerichtsbarkeit. Ein paar Beispiele? Finanzminister Hannes Androsch: Geldstrafe wegen falscher Zeugenaussage in seiner Steuercausa; Bundeskanzler Fred Sinowatz: Geldstrafe wegen falscher Zeugenaussage; Außenminister und Wiener Bürgermeister Leopold Gratz: Geldstrafe wegen falscher Zeugenaussage in der Lucona-Affäre; Friedrich Niederl, steirischer Landeshauptmann:

zwei Jahre bedingte Haft wegen Beteiligung an Untreue in der Bundesländer-Versicherungs-Affäre; John Gudenus, Nationalratsabgeordneter der FPÖ und Vater des freiheitlichen Wiener Vizebürgermeisters Johann Gudenus: ein Jahr bedingte Haft wegen NS-Wiederbetätigung. Karl-Heinz Grasser, Finanzminister, muss möglicherweise wegen Veruntreuung, Steuerhinterziehung, Urkundenunterdrückung, Falschaussage oder Falschparken, unter anderem in der Novomatic-, BUWOG-, BAWAG- oder HYPO-Affäre, einen Tag in der Ecke stehen. Wenn er mag.

Umwelt-Pioniere

Es gibt kaum eine Umwelt, die der Österreicher durch sein Zutun nicht noch ein wenig schöner machen könnte. Er muss die ungezähmte Natur hegen, pflegen und zurechtstutzen. Würde er nicht regelmäßig Rasen mähen, würde seine Umwelt verwildern. Und dazu sind wir dann doch zu barock.

In den letzten Jahren ist ein gewisses Umdenken erfolgt, Wälder werden in »Bio-Sphären-Parks« umbenannt und umgefallene Baumstämme dürfen einfach liegen bleiben und werden nicht mehr sofort abtransportiert, der Waldboden wird auch nicht mehr mit dem Laubsauger gereinigt, der Österreicher zweitliebstes Gerät. Das liebste ist: die Mischmaschine!

Die sechs Elemente: Wasser, Luft, Erde, Feuer, Holz und Beton

Der Österreicher betoniert gerne. Von den Waschbetonplatten in Freibad, Garten und Wald bis zu den Parkplätzen rund um die Einkaufszentren. Und ganz allgemein verbaut er gerne. Pro Tag verbauen wir hierzulande 20 Hektar, das entspricht rund 30 Fußballfeldern. Vielleicht war das der Grund, dass man sich in Österreich so schwergetan hat, endlich eine gute National-Elf zusammenzustellen. Auf einem Parkplatz trainiert sich's nicht so unbeschwert. Damit sind wir mal wieder die Größten, nämlich »Europameister im Verbauen«. Das ganze letzte halbe Jahrhundert lang haben wir auf diese Auszeichnung hingearbeitet und waren dabei so fleißig, dass wir in dieser Zeit die agrarische Fläche Oberösterreichs verbaut haben. Meist fällt die Raumplanung nicht in die Zuständigkeiten von Ländern oder Bund, sondern in den Bereich der Gemeinden, die mit der Flächenwidmung recht flexibel umgehen. Denn sie wissen: Jede Natur kann man mit ein wenig Betonkosmetik noch ein wenig ansehnlicher machen.

Klimaneutral

Wir Österreicher sind stolz auf unsere saubere Luft. Die angestrebten Kyoto-Ziele haben wir, trotz sinkendem CO_2-Ausstoß, auch 2014 verfehlt und müssen Zertifikate für rund eine halbe Milliarde Euro zukaufen. Damit kann sich das Weltklima dann einen anderen Planeten kaufen.

Tatsächlich versuchte Österreich, verglichen mit anderen Ländern, weitgehend umweltfreundlich zu agieren. Weil wir eine intakte Natur zu schätzen wissen, auch wenn wir sie vor allem für den Tourismus brauchen. In den 80er-Jahren galt das Frische-Luft-Land Österreich tatsächlich noch als Vorbild für viele andere Länder. Doch diese Zeiten sind vorbei. Die hohen Treibhausgase stammen neben der Industrie vor allem vom Straßenverkehr. Dass die Österreicher die CO_2-Werte verringern wollen, indem sie etwas langsamer atmen, ist nur ein böses Gerücht.

Land ohne Gene

1997 unterzeichneten 1,2 Millionen Österreicher das »Gentechnik-Volksbegehren«. Sie sagten damit: »Keine Gentechnik innerhalb der Grenzen Österreichs«. Schließlich hat man bereits genug mit den Genen der Vorfahren in der eigenen Familie zu kämpfen.

Keine Gentechnik in der Landwirtschaft, keine Gentechnik in den Produkten der Supermarktketten. Mit diesem klaren Nein war Österreich wieder mal Vorreiter, wieder mal Einzelkämpfer und wieder mal von der eigenen Entschlossenheit und Courage überrascht.

Solche Entscheidungen ermöglichen es dem kleinen Land, ein wenig größer zu werden und den eigenen Standpunkt international zu vertreten. Auch wenn man mit der eigenen Meinung anfangs alleine dasteht – andere Nationen sind inspiriert von unserer Beharrlichkeit und unserem Mut. Denn wenn es in Österreich funktioniert, könnte es auch anderswo klappen.

Dieses wunderbar erfrischende Gegenteil von Weltoffenheit, diese an sich irritierende »Wir-sind-Wir«-Mentalität, ist in manchen

Fällen durchaus ein Zeichen der Größe dieses kleinen Landes. Da wir mentalitätsmäßig aber nicht gerne so heiß essen, wie gekocht wird, ist die Verwendung von genmanipuliertem Tierfutter erlaubt. Damit kommen letztlich doch die Gene, die wir eigentlich nicht haben wollten, auf unsere Teller.

Zwischenstromland Österreich

Das weltweit sicherste Atomkraftwerk steht bekanntermaßen in Österreich. Nach der Fertigstellung und Kosten von heute umgerechnet etwa einer Milliarde Euro legte eine Volksabstimmung das Kraftwerk still, noch bevor ein einziges Atom verheizt werden konnte – oder wie auch immer man die Dinger zum Brennen bringt. Darauf ist man in Österreich heute noch stolz. Man ist Vorreiter. Man leistet Widerstand gegen die internationale Atomlobby. Man verwendet nur sauberen Strom aus heimischer Bio-Produktion und blendet aus, dass die Weihnachtsbeleuchtung durchaus auch mit radioaktivem Material aus dem Nachbarland befeuert wird.

Allerdings ist man wieder mal in die Situation hineingestolpert. Denn so eindeutig gegen Kernkraft war die Bevölkerung nicht. 50,47 % sagten bei der legendären Abstimmung 1978 »Nein«. Damit waren etwa 15 000 Personen das Zünglein an der Waage.

Die Abstimmung war nicht auf den Standort im niederösterreichischen Zwentendorf beschränkt. Vielmehr befragte man die Bevölkerung generell zur »friedlichen Nutzung der Kernenergie in Österreich«. Ob unter den Gegnern auch Menschen waren, die sich damit gegen die friedliche, jedoch für eine militärische Nutzung der Kernenergie aussprechen wollten, ist nicht weiter überliefert.

Die gute Luft!

Knapp 160 Messstationen leisten über das Land verteilt ihre Dienste. Kleine Hütten mit Zylindern aus Stahl auf dem Dach. Ist die Schadstoffbelastung zu hoch, so schlägt die Messstation Alarm. Laut Gesetz darf in Österreich die Grenze für die Luftbelastung an jeder Station bis zu 25 Mal im Jahr überschritten werden. Die Luft macht sich also ab dem 26. Mal strafbar.

Das Umweltbundesamt veröffentlicht aus den gesammelten Daten den täglichen Luftgütebericht im Internet, sodass man überprüfen kann, ob der eigenartige Geruch von einer erhöhten Schwefeldioxidbelastung stammt, der Nachbar wieder einmal seinen Garten mit dem Inhalt seiner Senkgrube gedüngt hat oder man vielleicht selber wieder mal duschen sollte.

Der legendäre Duft von St. Pölten

In ein paar wenigen aromatischen Kleinoden hat sich der lokale Duft durchgesetzt. Wer noch vor wenigen Jahren mit dem Zug an der niederösterreichischen Landeshauptstadt Sankt Pölten vorbeifuhr, brauchte nicht einmal von der Zeitung aufzublicken, er wusste auch so, wo er sich befand. Grund war eine Kunststoff-Fabrik, mit der die Einwohner der Stadt eine Art Hass-Liebe verband. Liebe, weil Arbeitsplätze und beeindruckende Exportzahlen vorlagen. Hass, weil ein unglaublicher Gestank über der Stadt lag. Sankt Pölten, das erst 1986 als Landeshauptstadt aus der Anonymität der niederösterreichischen Städte herausragte, hatte damals noch nicht allzu viel zu bieten. Immerhin war es den meisten (Durch-)Reisenden geruchlich bekannt. Sankt Pölten galt als berühmt-gerüchtigt.

In den frühen 1980er-Jahren hatte ich die Gelegenheit, die Produktionsstätte von innen zu inspizieren. Man dachte wohl, dass es für pubertierende Gymnasialschüler nichts Aufregenderes geben könnte, als die Produktion von Viskosegarn kennenzulernen, und hoffte, dass der eine oder andere die Begeisterung für diesen schönen Handwerksberuf, inmitten übelriechender und gesundheitsgefährdender Chemikalien, entdecken möge. Beeindruckend war es allemal, neben den ätzenden Flüssigkeiten zu stehen und die vergilbten Sicherheitsbestimmungen von 1923 an den Wänden zu bestaunen. Und der Ausflug war tatsächlich auch im Sinne einer

Berufsorientierung, denn einen Beruf konnten wir Schüler nun zumindest sicher ausschließen.

Das in der Fabrik gesponnene Viskosegarn war ein Verkaufsschlager für Kunstfasertextilien oder Autoreifen und gab 300 Menschen einen Arbeitsplatz. Die flüchtigen Schwefelverbindungen waren penetrant kilometerweit zu riechen. Als ob Karl Lagerfeld den Geruch von faulen Eiern als Eau de Toilette kreiert hätte.

Bemerkenswert, dass das Gehirn in der Lage ist, Dinge auch auszublenden. Auch den eigenen Körpergeruch nimmt man nur selten wahr, und wenn die Wohnung nach Mülldeponie duftet, wissen wir das erst, wenn uns Besuch darauf hinweist. Während es also den Bewohnern von Sankt Pölten längst nicht mehr auffiel, wenn »ihr« Glanzstoff wieder mal besonders tüchtig war, konnte der strenge Geruch einen Besucher durchaus aus den Socken heben, wenn er die Stadtgrenze überquerte. Die Höflichkeit gebot jedoch, von einer Kritik am geruchlichen Ambiente der Stadt abzusehen, und so lobte man die barocke Altstadt und hoffte auf eine baldige Abreise.

Nach über 100 Jahren schloss die Glanzstoff-Fabrik im Jahr 2008 ihre Pforten. Der 84 Meter hohe, weithin sichtbare Abluftschlot, so etwas wie ein Wahrzeichen der Stadt, wurde gesprengt. Die Firma selbst produziert nun, unter Berufung auf den »schlechten Wirtschaftsstandort Österreich« im europäischen Ausland bzw. künftig in China. Dort sind die Menschen bekanntlich nicht ganz so geruchsempfindlich.

Mittlerweile ist in dem Areal eine Privatuniversität untergebracht und ein Studentenwohnheim und eine Fachhochschule sind in der Nähe angesiedelt. Am Bahnhof von St. Pölten riecht es jetzt nach Bahnhof. Das ist irgendwie gut. Und irgendwie auch schade.

Wiener Luft

Die Zeiten, in denen man aus dem stickigen Wien in die ländlichen Gegenden floh, um einmal kurz durchatmen zu können, sind vorbei. Die Luftqualität Wiens ist – wie die vieler europäischer Großstädte – mittlerweile akzeptabel, wenn man keine allzu hohen Ansprüche stellt. Zumindest schaut die Luft nicht graubraunverklebt aus, sondern durchsichtig. Das ist schon mal was. Dass die Luft auch bei Ozonvorwarnstufe und selbst bei Feinstaubalarm weitgehend durchsichtig ist, ist natürlich verwirrend. Umweltexperten betonen eine deutlich unterschätzte Gefahr.

Geografisch hat die Bundeshauptstadt einen umwelttechnischen Vorteil: eine natürliche Lüftung dank des Donautals und dem Wind aus West und Nordwest. Ganz im Gegensatz zum steirischen Graz, das liegt in einem Beckental und hat oft mit Inversionswetterlagen zu kämpfen. Wien hat außerdem nachgerüstet: Dank entsprechender baulicher Maßnahmen über die vergangene Jahrhunderte fungieren heute quer durch die Stadt verlaufende große Straßenzüge als Lüftungskanäle, wo zuvor der Dreck im wahrsten Sinn des Wortes in der Luft zwischen den engen Gassen gestanden ist. Damals hat man die schlechte Luft tatsächlich sehen können.

Wiener Duft
Im 19. Jahrhundert galt es als eines der höchsten Qualitätskriterien, wie es um den Duft einer Stadt bestellt war. Deshalb bemühten sich viele Städte natürlich um gute Luft. Das ist schön und gleichzeitig ein wenig schade. Denn Geruchsbelästigungen können durchaus zum Charakter einer Stadt beitragen. Die Berliner Luft riecht mittlerweile kaum anders als die Budapester, die Klagenfurter oder die Frankfurter Luft. Städte riechen heute weitgehend einheitlich nach Abgasen, ein wenig Feinstaub und Kebab.

Wien selbst gilt als weitgehend geruchsneutral. Dennoch gibt es typische Aromen in einigen Stadtvierteln und, sieht man vielleicht von der Kläranlage in Simmering mal ab, gar nicht so übel. Im 16. Gemeindebezirk Ottakring machen sich manchmal die Brauerei des landesweit beliebten Ottakringer-Biers riechtechnisch bemerkbar und die traditionsreiche Manner-Waffeln-Fabrik. An der Stadtgrenze in Auhof dringt manchmal der morgendliche Kaffeegeruch der ansässigen Rösterei in die Nasen der Pendler. In der Innenstadt umhüllt einen auf Schritt und Tritt der Geruch von Pferdeäpfeln, den man sogar an der Schuhsohle mit nach Hause nehmen konnte, bevor die Fiaker mit einer Art Pferdeäpfel-Auffangvorrichtung ausgestattet werden mussten. Am Donaukanal riecht es – nun ja, nach einer Mischung aus Donau und Kanal, aber doch irgendwie interessant.

Und dass es in so mancher U-Bahn-Station mitunter etwas streng riecht, genauer gesagt nach Erbrochenem, ist nicht auf Menschen mit Alkohol-, Drogen-, oder Magenproblemen zurückzuführen. Vielmehr wurde beim Bau der Untergrundbahn ein Bodenverfestigungsmittel auf organischer Basis in den Boden gespritzt, das nun mit dem Boden chemisch reagiert und den Stoff Buttersäure entstehen lässt, die mit dem Grundwasser aussickert. Dumm gelaufen.

Zu Beginn des Frühjahres mischt sich regelmäßig ein ganz anderer Geruch unter den Stadtgeruch. Auch wenn man sich mitten in einer urbanen Metropole wähnt: Wien ist umgeben von Land und damit von Landwirtschaft. Tauen die Böden auf, bringen die Bauern in den Umlandgemeinden Jauche auf die Felder. Der Geruch macht auch den städtischsten Wienern schmerzhaft bewusst, dass der Salat nicht gewonnen wird, indem man ihn aus dem Big Mac zupft.

Der olfaktorische Landangriff auf die Integrität der Großstadt sorgt immer wieder für heftige Diskurse, die mittlerweile über Facebook ausgetragen werden. Die Netzgemeinde beschimpft die Gülle-Bauern im Netz aufs Heftigste, sodass hier Shitstorm auf Shitstorm trifft.

Speis und Trank

Ende des 18. Jahrhunderts verwendete man erstmals den Begriff der »Wiener Küche«. Typisch daran war das Untypische, denn die zahlreichen Zuwanderer brachten die Speisen aus ihrer Heimat im Vielvölkerstaat ins Kernland. Das Gulasch aus Ungarn, die Mehlspeisen und Knödel aus Böhmen und Mähren, das Schnitzel womöglich aus Mailand und den dünnen Strudelteig sogar aus der fernen Türkei. Mit dem Suffix »typisch österreichische(r) ...« konnte die endgültige Einbürgerung vollzogen werden.

Dass die heimische Küche vor allem aufgrund der Süßspeisen berühmt wurde, liegt sicher nicht zuletzt an der katholischen Prägung des Landes. Denn da man durch die strengen Fastenvorschriften an vielen Tagen auf Fleisch verzichten musste, erfand man die Mehlspeisen, die zwar nicht unbedingt Mehl, dafür aber umso mehr Zucker enthalten. Das war zwar nicht unbedingt im Sinn einer Kasteiung, aber doch im Sinn der Kasteiten.

Generell zeichnet sich die österreichische Hausmannskost von West (»Vorarlberger Käsknöpfle«) über Süd (»Kärntner Sasaka«), Nord (»Innviertler Knödeln«) und Ost (»Sachertorte mit Schlag«) vor allem durch die Deftigkeit und eine gewisse Liebe zu Fett, Salz, Fett, Zucker und Fett aus.

Für viele ist Essen tröstlich und so mancher Auslandsösterreicher kann seine Sehnsucht mildern, indem er statt einer Apfeltasche von McDonalds einmal einen richtigen Apfelstrudel isst. Auch wenn der eigentlich typisch türkisch sein soll.

Kaiserschmarrn (Emperor's Nonsense)

Aus der reichen Palette der typischen Wiener Küche, bei der wohl kaum eine Speise tatsächlich in Wien selbst kreiert wurde (sieht man mal von den Frankfurtern ab, die im Rest der Welt Wiener heißen), soll hier eine Mehlspeise exemplarisch genannt werden, die zu den Top-Sellern der heimischen Gastronomie zählt: der Kaiserschmarrn, im Prinzip zerstückelte Pfannkuchen, zu Deutsch: Palatschinken.

Geschichtliches

Am Hof des Kaisers gab es lange Zeit nur steinharten Omelettenteig, den man für den Monarchen mit den schlechten Zähnen tagelang in Eselsmilch einweichen musste. Als es einem Küchenjungen gelang, eine unendlich flaumige Palatschinke herzustellen, ereilte ihn ein typisch österreichisches Schicksal. Es war verboten, etwas zu fertigen, das flaumiger war als der Kaiser, und so wurde der Küchenjunge geviertelt. Der Kaiser war indes begeistert von der zarten Süßspeise und wollte den Küchenjungen heiraten. Als er von dessen Ableben erfuhr, sagte er wörtlich: »So ein Schmarrn aber auch!«, und ließ die Palatschinke zu Ehren des Gevierteilten auch in kleine Stücke reißen.

Wer bislang noch nicht dahintergekommen ist: Die Geschichte ist frei vom Autor des Buches erfunden, so wie die meisten Geschichten, die sich um die Entstehung von Speisen, Bräuchen oder Nationen ranken und über Generationen tradiert werden. Man darf gespannt sein, wann die Story vom gevierteilten Küchenjungen Eingang in das erste historische Kochbuch findet.

Exklusiv für dieses Buch hat einer der besten Köche des Landes, Haubenkoch Robert Letz vom niederösterreichischen Schlosspark Mauerbach, ein Rezept für einen gustiösen Kaiserschmarrn kreiert.

Rezept Kaiserschmarrn (für 4 Personen)
Zutaten: 0,25 l Milch, 3 Dotter, 60 g glattes Mehl, 60 g griffiges Mehl, 1 Pkt. Vanillezucker, 4 cl Rum, geriebene Zitronenschale, eine Prise Salz. Weiters: 2 EL Butter, 3 Eiklar, 42 g Feinkristallzucker, 2 EL Rosinen
Zubereitungsdauer:
15 Minuten, je nachdem, wie schnell Sie schlagen können.

Die Zutaten zu einem Teig rühren. 3 Eiklar mit 42 g Feinkristallzucker zu einem festen Schnee schlagen und unter den Teig heben. Mit Butter in einer Pfanne anbacken, Rosinen beigeben, bei 180 Grad im Rohr weiterbacken, wenden.

Wenn der Teig durchgebacken ist (je nach Dicke 5 bis 8 Minuten), vorsichtig mit zwei Löffeln zerreißen und noch mit Butter und Zucker in der Pfanne durchschwenken.

Und bevor Sie die Sache verkosten, sollten Sie natürlich wissen, dass die allergenen Zutaten A, C und G enthalten sind. Nur für den Fall, dass das Marktamt zu Ihnen nach Hause kommt.

Kaiserschmarrn 2.0 (vegane Variante)

Neben der klassischen Zubereitungsart kann man, dem Zeitgeist entsprechend, auch eine vegane Variante versuchen, mit Hafer- und Kokosmilch sowie Weinsteinbackpulver.

Man muss aber viel Freude am Tüfteln haben, um ihn auch flaumig hinzubekommen. Mehlspeis-Puristen können diesem Rezept allerdings nur wenig abgewinnen, denn einem solchen Kaiserschmarrn fehlen einfach »die Eier«!

Würstelstand als kulinarische Hochburg

Der Würstelstand, also die Würstchenbude, ist im Prinzip nichts anderes als Fast Food, wird aber vor allem in Wien, neben den Lipizzanern, gleich einem kulturellen Gut zelebriert. Dass man hier auch Lipizzaner verkosten könne, ist ein Gerücht, obwohl man hier gerne auch ganz offensiv Pferdefleisch feilbietet, ohne es in der Lasagne zu verstecken.

Die Vorläufer der modernen Fast-Food-Ketten geben sich sehr traditionsbewusst: Man verkauft stolz die Bosna im Salzburger »Balkan-Grill«, die Kreationen des »Leberkas-Pepi« in Linz oder die des »Burenheidl« in Wien.

Österreichs beliebteste Grillspeise ist übrigens die Käsekrainer. Für unwissende ausländische Leser und passionierte Vegetarier sei kurz beschrieben, welch perfides Machwerk sich hinter dieser Bezeichnung verbirgt. Die traditionelle Nationalspeise gilt als Genuss für den Gaumen und als Zumutung für den restlichen Körper. Die schon von Natur aus fetten Brühwürste beherbergen in ihrem Inneren Käseteilchen, die beim Grillen schmelzen. Es ist also eine Art Cordon bleu, nur ganz anders, länglicher und viel deftiger. Aufgrund des Aussehens des aus der frisch angeschnittenen Wurst herausquellenden flüssigen Käses wird die Käsekrainer in Ostösterreich als »Eitrige« bezeichnet.

Richtig bestellen als Tourist

Auch wenn der Begriff für Ortsfremde verstörend sein mag, läuft vielen Wienern dabei das Wasser im Mund zusammen. Man darf generell in Hinblick auf die lokalen Bezeichnungen nicht zimperlich sein. Sonst könnte man auch den Apfelsaft (Kinderfreibad) oder den süßen Senf (G'schissener) nicht genießen. Dieser Begriff wird übrigens auch verwendet, um eine Person, die sich mutmaßlich beim Würstelstand vorgeschmuggelt hat, zu titulieren. Touristen, die von einem Einheimischen mit »Wos is, du G'schissener?« angesprochen werden, sollten nicht davon ausgehen, dass hier der Senf gemeint ist. Das Wort »Senf« fällt im Rahmen der Bestellung der Wurstware übrigens selten. Vielmehr wird man gefragt, ob man »an Siaß'n« (süßen) oder »an Schoaf'n« (scharfen) Senf bevorzugt. Etwas annehmbarer klingen dann der dazu konsumierte »Buckl« (Brotendstück) und das »16er Blech« (eine Dose Bier aus der im 16. Wiener Gemeindebezirk beheimateten Brauerei Ottakring).

Wenn nun allerdings ein deutscher Bundesbürger, der seinen Reiseführer brav auswendig gelernt hat, am Würstelstand korrekt »A Eitrige, an Buck'l, a 16er Blech und an G'schissenen« bestellt, wird ihm der Verkäufer wahrscheinlich entgegnen: »Sie san net von da, oder?« Also probieren Sie's erst gar nicht. Denn es zeugt von mehr Respekt, wenn man sich geduldig die lokalen Begriffe erklären lässt. Damit macht man die Hiesigen glücklich, vor allem dann, wenn man unter dem Gaudium der anderen Gäste einwilligt, dreimal hintereinander das Wort »Eitrige« aufzusagen.

Die meisten Wiener formulieren die Bestellung übrigens auch gar nicht in dieser klassischen Form. Das glauben nur Nicht-Wiener, Touristen und Wiener aus besserem Haus, die sich am Würstelstand volksnah geben möchten. Es geht hier weniger um die einzelnen Wörter als um die Idee dahinter. Nur wer »Senf« so aussprechen kann, dass der »G'schissene« mitschwingt, gibt sich als Einheimischer zu erkennen.

Die mürrische Freundlichkeit, das Spiel mit den Worten der Würstelstandbesitzer mag beliebt sein bei Touristen, die im Lonely Planet gelesen haben, wie man zu bestellen hat und mit welchem »Schmäh« die Bestellung erwidert wird. Nun, die Wirklichkeit sieht etwas anders aus. Viele Stände haben sich bereits globalisiert und bieten neben den klassischen Wurstspezialitäten auch Asia-Nudeln, Kebab, Pizza, Nudelkebab und Asia-Pizza an. Und meistens haben sich die Besitzer bereits auf die internationale Kundschaft eingestellt, haben internationale Angestellte zum Dumpinglohn in die Bude gestellt, die in allgemein verständlichem Deutsch Wurstsorte, Senf, Kren, Brot, Semmel, Bier oder Cola kommentieren, die meist recht unpersönlich über die Theke gereicht werden. Da kommt man sich dann auch blöd vor, wenn man sein mühsam geübtes »A Eitrige« anbringt.

Sicheres Österreich

Es ist gar nicht so einfach, in Österreich eines unnatürlichen Todes zu sterben. Gut, wir haben hohe Berge, von denen man herabfallen kann, auch tiefe Seen, wie den Attersee, in denen gar nicht so wenige Touristen beim Tauchen ertrinken. Und natürlich haben wir unsere legendären Lawinen. Sogar die Wiener in ihrer winterlich-schneefreien Stadt werden im täglichen Wetterbericht über die aktuelle Lawinenwarnstufe informiert, so populär ist die Bedrohung aus dem Schnee. Sonst gilt Österreich aber als weitgehend sicheres Land. Darauf kann man, auch wenn ich es nicht überstrapazieren möchte, stolz sein. Und hier haben wir sogar aktiv etwas beigetragen. Die meisten touristisch zugänglichen Gebiete sind gesichert. Hätte man Mitsprache bei der Gestaltung Venedigs gehabt, wären die Kanäle voraussichtlich von Geländern gesäumt, damit niemand ins Wasser stolpert. Obwohl die Lagunenstadt in ihrer Geschichte zweimal österreichisch war, konnten wir ihr diesen Stempel nicht aufdrücken. Vielleicht, weil zu jenen Zeiten die höchsten Güter noch »Gott«, »Kaiser« und »Vaterland« hießen und noch nicht »Gesundheit«, »Sicherheit« und »Erhalt des Wirtschaftsstandortes«.

Als Serviceleistung für ortsfremde Personen gebe ich hier einen Überblick über die potentiellen Gefahren in unserem kleinen Land.

Terror und Co.

Im weltweiten Global-Peace-Index nimmt Österreich 2015 den dritten Platz ein, nach Island und Dänemark. Die Wahrscheinlichkeit, außerhalb der eigenen Familie in einen bewaffneten Konflikt zu geraten, ist also gering. Auch Politiker können sich hierzulande weitgehend sicher fühlen. Politisch motivierte Terroranschläge auf sie sind selten. 1981 wurde der Wiener Stadtrat und Präsident der österreichisch-israelischen Gesellschaft Heinz Nittel ermordet. 1993 zertrümmerte eine Bombe des österreichischen Briefbombenattentäters Franz Fuchs die Hand des damaligen Wiener Bürgermeisters Helmut Zilk. 2008 wurde Hannes Hirtzberger, Bürgermeister von Spitz an der Donau, nicht unbedingt aus politischen Motiven, vom Heurigenwirt Helmut Osberger durch eine am Auto platzierte, mit Strychnin vergiftete Praline vergiftet. So tragisch diese Fälle auch sind, so sicher kann man sich als Vertreter des Volkes in Österreich bewegen. Personenschutz rund um die Uhr bekommen nur der Bundespräsident und der Bundeskanzler. Doch die wollen ihn gar nicht immer und so schlendern sie auch ohne bewaffnete Begleitung durch die Stadt und holen sich einen Smoothie aus dem nächsten Laden. Meist sind es umstrittene Politiker, wie Jörg Haider oder Hans-Christian Strache, die mit privaten Leibwächtern unterwegs sind. Das würde ich an ihrer Stelle aber auch so machen.

Das weitgehend sichere Politikerleben ist Hollywood zu fad. Der fünfte Teil von »Mission Impossible« wurde zum Teil auch in Wien gedreht. Man sieht den österreichischen Kanzler eine Turandot-Aufführung in der Wiener Staatsoper besuchen: mit rot-weiß-roter Schärpe, Polizeieskorte und Österreich-Fähnchen an der gepanzerten Staatslimousine. Was anderswo beeindruckt, wirkt hierzulande, als würde man einen Maronistand rund um die Uhr von einem militärischen Sonderkommando bewachen lassen.

Heimische Staatsmänner und -frauen mischen sich unters Volk, unauffällig auffällig wie ein Maronistand. Nicht, weil sie volksnäher sein wollen als Politiker anderer Länder. Sondern weil das Volk auf dem engen Raum einfach zu nah ist, um beim Opernbesuch von schwer bewaffneten Bodyguards abgeschirmt zu werden.

Natürlich muss auch Österreich auf weltpolitische Situationen reagieren. Nach dem Terroranschlag in Paris verdoppelte das Land die Sicherheitskräfte, sodass vor der französischen Botschaft nun zwei Polizisten stehen, schwer bewaffnet, mit kugelsicherer Weste und gelangweiltem Gesichtsausdruck.

Naturkatastrophen

Bei uns gibt es Erdbeben, die andere Länder wohl kaum als solche bezeichnen würden, höchstens als Bodenflatulenz. Kleine tektonische Fürze, die entlang der Thermenregionen manchmal an die Oberfläche gelangen und die man bei den heißen Schwefelquellen von Oberlaa oder Baden riechen kann.

Unwetter bringen zwar immer wieder Stürme mit sich, die natürlich auch gefährlich werden können. Meist bleibt es aber bei ein paar abgedeckten Häusern, umgestürzten LKWs oder umgeknickten Bäumen. Niemand in Österreich muss fürchten, von einem Tornado nach Oz gerissen zu werden.

Weitaus gefährlicher, wenn auch nicht so häufig wie angenommen sind unsere Lawinen. Die in den Bergen und auf Hausdächern beheimateten heimtückischen Schnee- und Eismassen wurden bereits Hannibal zum Verhängnis, als er 218 vor unserer Zeitrechnung die Alpen überquerte. Es würde einem aber auch jeder vernünftige Bergführer abraten, das hochalpine Gelände mit einer Herde Elefanten zu betreten.

Glaubte man in früher Zeit, es wären Geister oder Hexen, die Lawinen auslösten, so weiß man heute, wie diese Geister aussehen: manchmal haben sie grellbunte übergroße Schlabberhosen an und einen Totenkopf auf dem Snowboard. Die meisten Lawinen und Schneebretter lösen sich aber spontan. Einst schickte die Dorfgemeinschaft den Ältesten in den Hang. Er sollte den Schnee am Hang verkosten und draufpinkeln, dann das Schmelzverhalten analysieren und so die Wahrscheinlichkeit einer Lawine bestimmen. Heute lässt man sich Satellitenbilder schicken, anhand derer die Art der Schneekristalle analysiert wird. Dann fließen noch Informationen aus Radar- und Infrarotmessungen ein und dann befragt man den Dorfältesten und bestimmt so die Lawinenwahrscheinlichkeit.

Bevor man also mit dem Snowboard bei Lawinenwarnstufe 4 nackt und volltrunken in einen Tiefschneehang einfährt, sollte man vielleicht einen erfahrenen Einheimischen fragen, ob er das auch für eine gute Idee hält. Die Lawinenwarndienste geben Auskunft über die aktuelle Gefährdung. Wen die Lawine erwischt, der kann wählen zwischen: erschlagen werden, ersticken oder erfrieren. Die Tipps der österreichischen Bergrettung sind hier eher resignierend: Versuchen, oben zu bleiben, keine Panik und Hände vors Gesicht. Na ja. Einen Versuch ist es wert. Und auch die Dorfältesten wissen, dass man den Rücken zur Lawine dreht, in die Hocke geht und versucht, mit den Händen vor dem Mund einen Hohlraum zum Atmen im Schnee zu schaffen. Klug ist es, Suchgerät, Sonde, Schaufel, Lawinen-Schnorchel und Airbag als alpine Lebensversicherung mitzuführen. All diese Tools haben allerdings nicht viel Sinn, wenn man erst beim Vernehmen eines tiefen Grollens die Gebrauchsanweisung durchliest.

Gefährdet sind vor allem die »Variantenfahrer«, also Skifahrer, die an sich mit Lift und Jagatee unterwegs sind, sich spontan aber entschließen, auch mal hinter dem viersprachigen Warnschild »Lawinengefahr« ins Tal zu carven. Im Gegensatz zu den Tourengehern sind sie schlechter ausgerüstet als die in den letzten Jahren in Mode gekommenen Schneeschuhwanderer, die als preisgünstige Alternative zum alpinen Skilauf einfach mal im freien Gelände über die Schneebretter latschen.

Eines der größten Lawinenunglücke ereignete sich im überaus schneereichen Winter des Jahres 1999 in Galtür, im Westtiroler Patznauntal. Eine gigantische Schneemasse, 400 Meter breit und 10 Meter hoch, rollte unter ohrenbetäubendem Grollen ins Tal und begrub den Wintersportort unter sich, einen Tag später löste sich auch im wenige Kilometer entfernten Valzur eine Lawine. 38 Menschen kamen ums Leben, 12 000 Menschen wurden aus dem unzugänglichen Gebiet ausgeflogen. Man war froh, nicht alleine auf der Welt zu sein: Bei den Rettungs- und Evakuierungsmaßnahmen standen auch Militärhubschrauber aus Deutschland, der Schweiz, Frankreich und den Vereinigten Staaten helfend zur Seite. Noch

Jahre nach der Katastrophe hatten die Menschen in Galtür eine Zeitrechnung: vor und nach der Lawine. Als zehn Jahre später in der gelben Lawinengefahr-Zone des Paznauntals ein Supermarkt errichtet wurde, dürfte der Ort mit der Vergangenheitsbewältigung aber weitgehend abgeschlossen haben.

Durch Lawinen kommen in Nordamerika und Europa zusammen jährlich etwa 140 Personen ums Leben. Jedes dieser Unglücke ist dramatisch und traurig und eines zu viel. Andererseits sind Lawinen keine so häufige Todesursache, wie die meisten Menschen vermuten. Es muss sich also niemand fürchten, auf dem Sonnenbalkon der Skihütte, am Gipfel neben der Sessellift-Bergstation von einer Lawine erfasst zu werden. Zumal Lawinen selten aufwärts rollen.

Hausgemachte Katastrophen

Dass Lawinenabgänge oder das sommerliche Pendant, die aus Schlamm und Geröll bestehenden Muren, mitunter hausgemacht sind, ist mittlerweile auch jenen Gemeinden klar, die in den Jahrzehnten zuvor kühn die bewaldeten Berghänge in Skiautobahnen verwandelt oder die Äcker vom Tal bis auf 3000 Meter hinaufgezogen haben. War keine so gute Idee, die Berge kahl zu scheren. Heute herrscht größeres ökologisches Bewusstsein. Und größeres ökonomisches: Es rechnet sich finanziell rein gar nicht, für ein paar Hektar mehr landwirtschaftlich nutzbarer Fläche den Hof jedes Jahr neu errichten zu müssen. Rund ein Fünftel der österreichischen Wälder sind Schutzwälder. Dieses Fünftel darf unter gar keinen Umständen geschlägert werden. Außer man braucht das Holz. Nicht nur skrupellose Liftbetreiber, auch die skrupellosen Lawinen selbst mähen die Bannwälder nieder. Daher braucht auch die österreichische Natur dringend eine Schulung in Sachen Nachhaltigkeit.

Viel Geld nahmen die Österreicher in die Hand für Lawinenschutzmaßnahmen, Verbauungen und Wiederaufforstungen. Mit diesen Maßnahmen sollen die Gefahren gemindert werden, die man die Jahre zuvor mit viel Geld überhaupt erst geschaffen hatte. Das ist wieder einmal ein schönes Bild für das traditionsbewusste Land Österreich, in dem der Schnee von gestern die Lawine von morgen sein kann.

Land unter

Österreich ist kein trockenes Land. Das erlebt, wer einen zweiwöchigen Urlaub am schönen Wörthersee im sonnigen Kärnten gebucht hat und dann zwei Wochen im schönen Regen sitzt. So etwas kann passieren, mit so etwas rechnet man, wenn man in Österreich unterwegs ist, sodass Touristen, die es sich leisten und Regen im Urlaub nicht so viel abgewinnen können, zum Leidwesen des heimischen Sommertourismus südlichere Gefilde aufsuchen.

In unregelmäßigen Abständen heißt es in Österreich sogar: »Land unter«. Nach dem Jahrhundert-Hochwasser 2002 zückten Rechenfüchse den Taschenrechner und ermittelten, dass das nächste Jahrhundert-Hochwasser nach Adam Riese erst wieder im Jahr 2102 stattfinden würde. Bereits 2013 belehrte uns das nächste Jahrhundert-Hochwasser eines Besseren.

Nach anhaltenden Regengüssen in weiten Teilen Europas gab es landesweit Überschwemmungen und Murenabgänge. Das in der Bundeshymne so pathetisch besungene »Land am Strome« wurde bald schon zum »Land im Strome«. Wer entlang der Donau wohnte, zitterte, ob die wagemutig in den Wachau-Gemeinden errichteten, fragil wirkenden Hochwasserschutzwände aus Aluminium halten würden. Die »schöne blaue Donau«, die ich persönlich noch nie in einer blauen Wasserpracht erlebt habe, floss braun, bedrohlich, aber auch brav an den mobilen Schutzwänden entlang. Der Pegel stieg auf über 10 Meter, ein paar Zentimeter höher und Krems, Spitz, Weißenkirchen oder Melk wären unter Wasser gestanden. Doch die Donau ließ Gnade walten mit dem Land, das immerhin eine Viertelmilliarde Euro für den Hochwasserschutz veranschlagt hat.

Etwas zu spät kam der Schutz für einige Ortschaften in der Wachau, wie Emmersdorf, die die teuren Wände nicht aus der Portokasse der Gemeinde zahlen konnten. Emmersdorf glich knapp vor dem erwarteten Hochwasser einer Geisterstadt, wurde evakuiert. Manche Bewohner übten sich in resignierter Gelassenheit – immerhin habe man sich als Anrainer der Donau damit abgefunden, dass der Nachbar manchmal ein wenig laut wird, dafür hätte man aber sonst einen schönen Ausblick –, andere wiederum verzweifelten ob der erneuten Katastrophe und schworen weinerlich in die Fernsehkameras, hier wegzuziehen. Ein paar Optimisten legten drei Sandsäcke vor die Haustür und sperrten zur Sicherheit zweimal ab. Im etwas weiter südlich gelegenen Korneuburg und in Kritzendorf musste die Feuerwehr die Bewohner sogar mit großer Überredungskunst dazu bewegen, ihre Häuser zu verlassen und nicht zu warten, bis das Hochwasser in den Dachboden steigen würde.

Die Hilfsbereitschaft in der Bevölkerung war groß, zahlreiche Spendenkonten wurden eingerichtet. Steuerbegünstigt konnten die Menschen ein paar Euro für die eigenen Landsleute mildtätig hergeben. Helfer schaufelten die Sandkästen ihrer Kinder leer, um sie in Säcke zu füllen und mit dem Privat-PKW an die Donau zu fahren, wo sie meist unwirsch von den professionellen Hilfsorganisationen verscheucht wurden, da sie deren Arbeit damit erschweren würden. Politiker stapften in bunten Gummistiefeln mit betretenem Blick durch den Schlamm und ließen sich beim Fototermin wahlweise einen Spaten oder einen geretteten Säugling in die Hand drücken und betonten, dass ein solcher Regen in der nächsten Legislaturperiode nicht mehr vorkommen wird. Und sozial gesinnte Baumärkte gaben Hochwasseropfern 10 Prozent Rabatt beim Kauf eines neuen Einfamilienhauses. Das Land hielt zusammen. Man konnte wieder stolz sein, es war ein wenig von dem Geist zu spüren, der das Land nach dem Zweiten Weltkrieg wie ein Phönix aus dem Schutt auferstehen ließ, man packte an und forderte neue Verbauungen für die bösartigen Flüsse. Kritiker meinten, es wäre keine so prächtige Idee, die ohnehin schon zu stark reglementierten Flussbette noch weiter einzubetonieren. Man solle lieber an eine Renaturierung denken.

Doch diesen Kritikern empfahlen Gegenkritiker, sie sollten in dieser für das Land so schweren und heiklen Phase sich selbst regulieren. Die ebenfalls an der Donau wohnenden Wiener konnten die Szenerie weitgehend gelassen beobachten. Bereits 1744 hatte sich die damalige Regentin Maria Theresia für einen sofortigen effektiven Hochwasserschutz ausgesprochen. Schon 130 Jahre später war es so weit. Wien schuf ein neues 280 Meter breites Hauptgerinne für die Schifffahrt und fünf große Brücken. Weitere hundert Jahre später konnte mit der zweiten Regulierung ein neues 210 Meter breites Entlastungsgerinne geschaffen werden, die »Neue Donau«. Mit dem Aushubmaterial wurde die »Donauinsel« angelegt, heute ein beliebtes Naherholungsgebiet der Wiener und mit dem alljährlichen »Donauinselfest« weit über die Grenzen des Landes bekannt, da es die Schnorrer, Nassauer und Pfennigfuchser aus halb Europa anzieht, die hier drei Tage lang gratis Konzerte konsumieren können.

Im Süden der Stadt fließen Entlastungsgerinne und Donaustrom wieder zusammen, sodass sich die Gemeinden stromabwärts vom Wasser wieder überfluten lassen dürfen, bevor es dann Richtung Slowakei abrauscht. Das bringt die Wiener in puncto Beliebtheit auch nicht weiter vor.

Gefahr Mensch

Die Bürger haben demnach weitgehend nichts von Österreich zu befürchten, sollten sich aber vor den Österreichern fürchten. Also auch vor sich selbst. Rund 1300 verüben jährlich Suizid, doppelt so viele wie im Straßenverkehr ums Leben kommen. Mitte der 80er-Jahre nahm Österreich im internationalen Ranking einen fragwürdigen Spitzenplatz im Hinblick auf die Lebensmüdigkeit seiner Bevölkerung ein und es wurde fatalistisch gemutmaßt, dass man es eben mit einem morbiden Land zu tun habe. Doch die Zahl der Suizide ist deutlich rückläufig. Es gibt heute anscheinend mehr Hoffnung. Oder mehr Kriseninterventionszentren.

Viele schätzen es hierzulande, dass es eigentlich keine Gegenden gibt, die man meiden oder nur unter schwerer Armierung betreten sollte. Man kann auch nachts im Park spazieren, statistisch ist das ungefährlicher als der Aufenthalt in den eigenen vier Wänden, da Gewaltverbrechen sich meist innerhalb der Familie abspielen.

2014 wurden 40 000 Fälle vorsätzlicher Körperverletzung und 107 Fälle von vorsätzlicher Tötung angezeigt. Österreich ist damit bei Mördern nicht allzu beliebt, die Mordrate im europäischen Vergleich äußerst gering. Natürlich kann man die Statistik etwas hübschen, indem man einen Mord »nur« als Körperverletzung mit Todesfolge klassifiziert. Es gibt wirklich böse Unfälle, bei denen man 17 Mal hintereinander ungeschickt mit dem Rücken in ein Küchenmesser fällt.

Die Zahl der Morde ist seit den 80er-Jahren auf ein Drittel gesunken. Allerdings hat man in den 80er-Jahren auch noch 30 000 Menschen nach ihrem Ableben obduziert. Heute sind es aus Kostengründen 10 000, also ein Drittel. Da man nicht davon ausgehen kann, dass zu viele Obduktionen die Mordrate im Land anheben, muss man eher davon ausgehen, dass man heute rund 30 Morde im Jahr übersieht. Das könnte dazu führen, dass das Tourismusland auch für Mörder wieder an Attraktivität gewinnt.

Der Österreicher wird dem Österreicher auch aus einem anderen Grund zur größten Gefahr. Über 30 000 Menschen sterben hierzulande an Herz-Kreislauferkrankungen. Nun, an irgendetwas muss man ja sterben, könnte man hier einwenden. Es stirbt sich nirgends so geschmackvoll wie hier, denkt man an die Palette exzellenter Mehlspeisen, die Österreich zu bieten hat.

Gefährlicher Haushalt

Eine unterschätzte Gefahr stellt der Haushalt dar. Während die Zahl der Verkehrsunfälle zunehmend sinkt, boomen neuerdings die Haushaltsunfälle. Über 600 000 Österreicher pro Jahr verletzen sich innerhalb der eigenen vier Wände. Es sind keine spektakulären

Ereignisse, es ist nicht immer gleich ein Gasherd, der explodiert, oder ein Christbaum, der abbrennt.

Da ich eine Zeit lang im Wiener Unfallkrankenhaus Meidling tätig war, konnte ich die ganze Palette mehr oder minder origineller Selbstschädigung begutachten. Vieles davon fällt unter den Begriff »grob fahrlässig«. Ein besonders gefährlicher Ort, den man tunlichst meiden sollte, ist die Küche. Hastiges Zwiebelschneiden mit großer Klinge, wie man es im Fernsehen von den Profi-Köchen kennt, das Herumstochern mit der Gabel im eingeschalteten Toaster, um die Brotkrümel herauszuklauben, oder der Versuch, eine laufende Brotschneidemaschine von der Arbeitsplatte zur Spüle zu befördern, sind Tätigkeiten, bei denen man sich eigentlich schon zuvor telefonisch auf der Unfallambulanz anmelden kann. Um die Schuldfrage österreichisch zu klären: Der Toaster kann meist nichts dafür.

Giftige Pflanzen und gefährliche Tiere

Auch in Bezug auf Flora und Fauna gilt Österreich als unbedenklich. Zu den wirklich gefährlichen Arten indes zählt etwa der hochgiftige Knollenblätterpilz. Den muss man allerdings bewusst sammeln und verspeisen. Fälle, wonach ein »Problempilz« einen Wanderer aktiv angegriffen hätte, sind nicht überliefert.

Auch Giftschlangen gibt es übrigens im schönen Österreich, die Kreuz- und Wiesenotter oder die Sandviper. Begegnungen mit solchen Schlangen sind eher selten, und wenn, dann sagt man kurz »Grüß Gott« und weder Schlange noch Mensch beißen einander. Die Reptilien sind in Österreich vor der Willkür des Menschen geschützt, umgekehrt gilt das jedoch nicht. Rund 40 Mal jährlich passiert es daher, dass ein Reptil zuschnappt. Todesfälle sind keine bekannt.

Durch die Einschleusung von Schlangen mit Migrationshintergrund durch Liebhaber exotischer Reptilien, kommt es ab und an vor, dass so ein Zuwanderer ausbüxt und in einem nahe gelegenen Wäldchen Unterschlupf findet. Sollten Sie also im Waldviertel von einer giftigen Kobra gebissen werden, so können Sie beruhigt sein: Dies ist nicht gesetzeskonform!

Die restliche Tierwelt stellt für Bewohner und Österreichbesucher keine sonderliche Gefahr dar. Zwar gibt es auch hier medial breitgetretene Fälle von Problembären, Problemwölfen, Problemhasen oder Problemregenwürmern. Bis auf ein paar gerissene Schafe und einem Landwirt, der beim Zurückweichen vor einem Braunbären über einen Baumstamm gestolpert war und sich, vom Bären neugierig betatscht, eine Platzwunde zugezogen hat, waren die Bären allesamt brav. Dennoch sorgt die Neuansiedlung der Tiere in den heimischen Wäldern für Kritik. Dass es eine bessere Idee wäre, die Bären stattdessen am Linzer Hauptplatz anzusiedeln, wage ich aber zu bezweifeln.

Hochgiftige Spinnen, Würgeschlangen oder weiße Haie gibt es keine bei uns. Dafür Kühe. Die sind auch nicht ohne: 2014 soll es mehr tödliche Unfälle durch Kühe gegeben haben als durch weiße Haie. Herr Spielberg, wussten Sie das?

Obwohl es immer wieder zu unliebsamen Begegnungen mit Kühen kommt, die in einigen Fällen auch tödlich enden können, fallen diese zahlenmäßig wohl unter den Begriff »Kuriositäten«. Wenn mal was passiert, fordern lokale Touristenverbände »neue Regeln und deutliche Hinweise«. Dazu muss man den Tieren aber erstmal das Lesen beibringen.

Nicht zuletzt deshalb kann die Querung einer Alm recht bedrohlich wirken, wenn eine Kuhherde einen entdeckt hat und nun auf einen losgaloppiert. Wer mit seinem Hund unterwegs ist, der zu laut kläfft, um von den Kühen ignoriert zu werden, andererseits zu klein ist, um als echte Gefahr ernstgenommen zu werden, der könnte durchaus einer Attacke der an sich friedfertigen Weidetiere zum Opfer fallen. Weniger den weidenden Milchkühen als vielmehr den Herden mit Kälbern und Mutterkühen sollte man mit Vorsicht begegnen. Gleiches gilt aber auch für menschliche Mütter.

Und dass man als verhaltensorigineller Großstädter nicht mit einem roten Tuch auf der Stierkoppel hantieren, inmitten der Herde mit den Tieren kuscheln oder versuchen sollte, ein Horn abzuschrauben, versteht sich eigentlich von selbst. Einer bekannten Weisheit zufolge ist es sicherlich korrekt, sich einer Kuh keinesfalls von hinten zu nähern, jedoch können Kühe aber auch seitlich ausschlagen. So gilt es, eine gesunde Mischung zu finden aus sinnvollem Respektsabstand und einem Stock für den Nahkampf. Die größten Sorgen bereitet ein kleines Spinnentier den Waldbesuchern im Osten des Landes. Die Möglichkeit einer Übertragung der Frühsommer-Meningo-Encephalitis (FSME) durch die gemeine Zecke führt dazu, dass sich die Wienerwaldbesucher zur Freude der pharmazeutischen Industrie impfen lassen. Dass sich auch all jene Wiener impfen lassen, die den Wienerwald nur vom Hörensagen kennen und die Zecke bislang nur in HD als bedrohlich bildschirmfüllendes Monster im Rahmen der alljährlichen Impfkampagnen gesehen haben, freut die pharmazeutische Industrie umso mehr.

Besuchern, die nach dem Picknick auf der Waldlichtung eine Zecke entdecken, die sich festgesaugt hat, rät man oft, diese gegen den Uhrzeigersinn und mit etwas Öl herauszudrehen. Zwei gutgemeinte, aber nicht sonderlich gute Ratschläge, denn zum einen ist auch der österreichische Wienerwald-Zeck keine Schraube, die sich linksherum herausschrauben lässt, zum anderen bewirkt das Öl, dass man das glitschige Teil noch weniger zu fassen kriegt. Also lass ich mal kurz den Arzt raushängen: Das Vieh mit einer feinen Pinzette möglichst nahe an der Haut des Gebissenen fassen und vorsichtig, unter kontinuierlichem Zug entfernen. Wenn sich die nächsten Tage nicht eine Schwellung oder eine Rötung um die Stelle bildet (könnte eine Borreliose werden, keine Angst, lässt sich gut behandeln), kann man sich wieder dem Tagesgeschäft zuwenden. Survival in Österreichs Wäldern ist also nicht ganz so schwierig, sofern man die Pinzette nicht vergisst.

So bleibt das gefährlichste heimische Tier in Österreich das Hausschwein. Der massenweise Verzehr des Fleisches, der in Österreich vom beliebten zum beleibten Volkssport avancierte, führt zu einer deutlich verkürzten Lebenserwartung. Auch wenn es von den Fleischerverbänden heftig bestritten und auf das AMA-Gütesiegel verwiesen wird: erstaunlich, aber man kann sich sogar von einem kontrollierten österreichischen Qualitäts-Speck eine gewaschene Gefäßverstopfung holen.

Sportnation

Wenn wir mit einem Element gut können, dann mit Schnee! In den verschiedenen Verarbeitungsformen, frisch gepresst, aufwendig präpariert oder künstlich hergestellt, bildet er die Grundlage für die großen sportlichen Erfolge unseres kleinen Landes.

Die »Königsdisziplin« – nur für Österreicher

Wenn einmal im Jahr die Herrenabfahrt am Kitzbüheler Hahnenkamm begangen wird, dann kann das als Hochamt des alpinen Skilaufes gesehen werden. Die »Streif« gilt den Athleten als anspruchsvolle und den Fans als attraktive Strecke, und wieder einmal (man getraut es sich gar nicht laut auszusprechen) – wieder einmal blickt die ganze Welt auf Österreich! Diesen Eindruck verbreiten die heimischen Medien, die bereits Wochen zuvor einen »Countdown« zum Ereignis starten.

Doch 2015 wurden wir unsanft aus dem Traum geweckt. Der Präsident des internationalen Skiverbandes Gian Franco Kasper erklärte, dass aus Kostengründen bei den kommenden Olympischen Spielen möglicherweise einige Bewerbe gestrichen werden könnten, darunter die Abfahrt. Das muss man sich einmal langsam vorsagen: Die Ab-fahrt!! Das wäre so, als ob man den 100-Meter-Lauf aus den Sommerspielen verbannen oder die USA vom G8-Gipfel ausschließen würde.

Selbst wenn es doch nicht so weit kommen sollte, es ist schon schlimm genug, nur darüber nachzudenken. Der Kluge weiß, dass eine Welt ohne Abfahrt nicht lebenswert ist. Wo es doch so viele entbehrliche Wintersportarten gibt – Curling etwa, diese Kombination aus hochgezüchtetem Eisstockschießen und neurotischem Putzwang, »Eiskunstlauf der Damen«, wo wir gegen Japanerinnen oder Russinnen eh keine Chance haben, oder auch »Schneepinkeln der Herren«. Aber Abfahrt??

Sollten sich die Schotten fragen, warum CNN nicht rund um die Uhr vom jährlichen Baumstammweitwerfen berichtet: Im Gegensatz zu den Highland Games, die ja nun wirklich keine Sau interessieren, ist die Abfahrt kein dämliches keltisches Ritual! Die Abfahrt ist ein nationales Heiligtum von internationaler Relevanz. Die Welt sieht dies scheinbar anders. In diesem Fall sieht Österreich tatsächlich von innen etwas größer aus.

Ski-Weltmeister

Österreich gilt als eine der größten Ski-Nationen der Welt. Was vielleicht auch damit zusammenhängt, dass es auf der Welt kaum Skinationen gibt. Zwar mischen mittlerweile, zum Leid der heimischen Rennläufer höchst erfolgreich, auch Sportler aus den USA mit, Superstars wie Ted Ligety, Bode Miller oder Lindsey Vonn. Allerdings dürfte deren Bekanntheitsgrad im eigenen Land nicht ganz so hoch sein wie in Österreich. Verdankt Frau Vonn ihre landesweite Prominenz in den Staaten nicht auch einem guten Teil einer Liason mit dem Profi-Golfer Tiger Woods?

Als 2015 in den USA die 43. Alpine Ski-Weltmeisterschaft in Vail/Beaver Creek stattfand, wurden viele Amerikaner erstmals im Fernsehen mit den Wintersportarten konfrontiert. »Konfrontiert« bedeutet, dass man nun einen Sportkanal weiter zappen musste, um sich Baseball anzusehen. Dass man die starke Präsenz der siegreichen Amerikaner nicht einfach so hinnehmen will, zeigt die Reaktion des österreichischen Skipräsidenten Peter Schröcksnadel in den Oberösterreichischen Nachrichten: »Die Amerikaner sind Österreich II. Wie beim Bobfahren. Österreichisches Geld, österreichische Trainer, sie wohnen bei uns. Sie sind halt drüben geboren.« Das hat gesessen. Hier geben wir uns selbstbewusst. Die Kernkompetenz im Skifahren wollen wir uns nicht nehmen lassen.

Ach ja: Dass die Österreicher 2015 im Tischtennis Europameister waren, kaum eine internationale Medaille ausließen und in

China als Superstars gelten – das interessiert hierzulande kaum jemanden. Pingpong kommt schließlich ohne Schnee aus.

Ski-Nation Österreich?

In meiner Kindheit galt es als Notwendigkeit, bereits in frühesten Kindesjahren auf den Skiern stehen zu können, um in den unwegsamen Alpen überleben zu können. Dass ich im Wiener Bezirk Meidling aufgewachsen bin, wo meine gesamte Kindheit hindurch gefühlte zwei Tage pro Jahr Schnee lag, spielt keine Rolle. Der Austrobarde Wolfgang Ambros besang 1976 im höchst erfolgreichen Hit »Schifoan« die Schönheiten der Wintersportart im Tiroler Stubaital und in Zell am See im breitesten Wiener Dialekt:

»In der Fruah bin i der Erste, der wos aufefoart, damit i ned so long auf's Aufefoarn woart. Obm auf der Hüttn kauf i ma an Jagatee! Weil so a Tee mocht den Schnee erst so richtig schee!«

Übersetzt »Morgens bin ich der Erste, der (mit dem Lift) auf den Berg fährt, um nicht so lange warten zu müssen (aufgrund der vielen anderen Skifahrer, die auch hinauf möchten). Oben auf der Hütte kaufe ich mir einen Jagertee (Tee mit Rum bzw. Rum mit Tee), denn so ein Tee macht den Schnee erst so richtig schön!«

Damit hat Wolfgang »die Nummer 1 vom Wienerwald« Ambros den skifahrerischen Zeitgeist der Österreicher getroffen. Tatsächlich war der alpine Skilauf untrennbar mit Alkoholkonsum, im Rahmen des sog. »Einkehrschwungs« auf einer Skihütte, verknüpft. Zum anderen deutet das nach wie vor in den Après-Ski-Buden gespielte Lied den Eifer an, mit dem die Skifahrer versuchen, die Liftbetreiber übers Ohr zu hauen. Der schlaue Skifahrer reizt die Tagesliftkarte bis zum Äußersten aus, fährt selbst dann noch, wenn er eigentlich längst keine Lust mehr hat und hat dadurch am Ende des Tages, zumindest rein theoretisch, allein mit der Summe seiner absolvierten Einzelfahrten finanziellen Gewinn erzielt.

»Weil Skifoahn is des leiwandste, wos ma si nur vurstöll'n kann!«
Übersetzt: »Der Skilauf ist das Allerschönste, das sich ein Mensch
nur erdenken kann!«

Die meisten Ski-Profis stammen naturgemäß aus den klassischen
Skigebieten und sind in der Lage, eine schwarze Piste runterzucar-
ven, bevor sie gehen können. Der österreichische Skiverband fördert
die Jungsportler, es gibt jede Menge Skiclubs und das Ski-Gymna-
sium Stams gilt als Kaderschmiede künftiger Skispringer.

Doch auch für die breite Bevölkerung gehörte der Skisport zum
nationalen Brauchtum.

Breitensport

Für Österreichs Schüler war es verpflichtend, über fünf Jahre je eine
Woche pro Jahr auf »Schulskikurs« zu fahren. Irgendwann haben es
die meisten gerafft, und so können viele Alpenländler zumindest
leidlich Skifahren. Selbst die Wiener, auch wenn dies von den rich-
tigen Alpenbewohnern mit einer gewissen Skepsis beäugt wird.
Mittlerweile hat man die Zahl der Schulskikurse reduziert. Stattdes-
sen schickt man die Kinder auf »Kulturwoche«, »Sprachwoche«,
»Sportwoche«, »Kreativ-Töpfer-Woche« oder »Landschulwoche«.
Allerdings gibt es keine olympische Medaille für die Disziplin
»Landschul« zu gewinnen.

Erlernen die Schüler das Skifahren nicht mehr, sieht es auch für
die touristische Zukunft der Liftbetreiber düster aus. Eine Untersu-
chung des Wiener Instituts für Freizeit- und Tourismusforschung
zeigte, dass dem »Nationalsport Skifahren« das »National-« allmäh-
lich abhandenkommt. Gab Anfang der 90er-Jahre noch mehr als
die Hälfte aller Österreicher an, zumindest gelegentlich auf die Piste
zu gehen, war es 2014 nur mehr knapp über ein Drittel. Die meisten
Skifahrer auf den heimischen Pisten sind mittlerweile ohnehin un-
heimisch.

Während obere Mittel- und Oberschicht noch am Wintersport-
vergnügen festhalten, geht die Zahl der Skifahrer in der breiten Be-

völkerung deutlich zurück. Alternativen wie Schneeschuhwandern, Langlaufen, Eis-Klettern oder Eis-Essen können dies nicht kompensieren.

Die schwindende Begeisterung für den Wintersport ist neben dem Wegfall der Schulskikurse natürlich auch im Klimawandel zu sehen. Die Wintersportorte klagten die letzten Jahre entweder über zu wenig Schnee oder über zu viel Schnee, obendrein zur falschen Zeit und an den falschen Stellen. So kann es passieren, dass das Land südlich der Alpen im Schneechaos versinkt, während man nördlich der Alpen zwar nicht in der Badehose, aber zumindest im Regenmantel ein schneefreies Dasein fristet. Lediglich die hochalpinen Gebiete, wie die Klassiker Obertauern, Kaprun oder Lech, brauchen sich noch keine allzu großen Sorgen zu machen – doch jeder Meter talwärts lässt den Schnee schmelzen wie die Rücklagen der Tourismusbetriebe.

Gleich einem Don Quichote kämpfen die Schneekanonen gegen die milde Luft an. Ein Kampf, der verloren gehen muss, da das Wetter gottlob noch stärker ist als alle Zusätze, die man dem Kunstschnee beifügt, um ihn auch bei Temperaturen über null Grad Celsius produzieren zu können. Diese Zusätze sind zwar in Österreich nicht verboten, man versucht hierzulande aber darauf zu verzichten. Wer es sich leisten kann, importiert Schneeproduktionsmaschinen aus dem Nahen Osten, aus Dubai oder Israel, deren ursprünglicher Einsatzzweck dem Kühlen von Beton oder ganzen Bergwerken galt.

Europäisch gefertigte Schneekanonen brauchen ein paar Minusgrade und trockene Luft. Je höher die Luftfeuchtigkeit, desto kälter muss es sein. So viel sei jenen gesagt, die sich bei den Pistenbetreibern beschweren, warum bei 5 Grad im Schatten die Schneekanonen nicht sprühen.

Dass die künstliche Produktion von Schnee nicht ganz so »öko« sein kann wie das natürliche Schneien aus einer Wolke, dürfte selbst dem ignorantesten Touristen klar sein. Das Verbrennen der fossilen Rohstoffe, die zum Betrieb der Anlagen gebraucht werden, verursacht im Endeffekt genau jene Erwärmung, deretwegen man die Anlagen gebaut hat.

»Schneesicher« im Prospekt kann daher vor Ort bedeuten, dass man inmitten grüner Almwiesen auf einem schmalen Streifen weißen Kunstschnees seine Schwünge zieht; schwitzend, da Skigewand und Multifunktionsunterwäsche nicht für 10 Grad plus ausgelegt sind.

Dass die Bergbahnen nach wie vor ausgebaut werden, als gäbe es kein Morgen, ist dem Skitourismus aus dem Ausland zu verdanken. Und da man nicht mehr so sehr an die Zuverlässigkeit der Deutschen glaubt, wirft man die Angeln weit in den Osten aus, um neue Kundschaft zu ködern.

Teures Vergnügen und günstige Alternativen
Letztlich ist ein ausgedehnter Skiurlaub für eine durchschnittliche Familie vor allem eines: kaum finanzierbar. Ums selbe Geld, für das man eine Woche in einem Mittelklassehotel in einem Mittelklasseskigebiet mit Mittelklasseschnee verbringt, kann man sich im Sommer schon vierzehn Tage in einem All-Inclusive-Resort am Meer die Sonne auf den Bauch scheinen und das Buffet in den Bauch füllen lassen.

Die 50-Euro-Grenze für einen Tagesskipass ist mittlerweile geknackt. Als Grund für die teuren Preise werden die zusammengelegten Skigebiete genannt: theoretisch könnte man eine Woche lang tausende Pisten-Kilometer von Tal zu Tal skischaukeln, ohne dieselbe Abfahrt zweimal nehmen zu müssen. Das Argument, dass man an einem faktischen Tag nur schwer eine theoretische Woche unterbringen kann, scheint den Liftbetreibern nicht schlüssig genug.

Sogar ein Tagesausflug zu den beliebten Wiener »Ski-Hausbergen«, dem Semmering oder dem Hochkar, schlägt pro Familie sicher mit zweihundert Euro zu Buche. Bei Eigenanreise und mitgenommenem Jausenbrot.

Die weitaus günstigere Variante stellt das Skitourengehen dar, gesünder und auch naturverbundener als das »alpine« Skifahren, sprich: rauf mit dem Lift, runter mit den Skiern bzw. dem Rettungs-Akja. Dass diese individualtouristische Form von den Tourismusgebieten nicht sonderlich beworben wird, liegt auf der Hand, denn die meisten Tourengeher essen unterwegs ihre selbstgestrichenen Brote, trinken den selbstgebrannten Schnaps und übernachten um wenig Geld auf der selbstgebauten Hütte. Man passt sich also an, im Winter wie im Sommer. Ließen Besitzer von Frühstückspensionen noch vor einigen Jahren die Gäste ihren Unmut spüren, wenn weniger als eine Woche en bloc gebucht werden wollte, sind sie heute mancherorts froh, wenn sich jemand auch nur für einen Tag in die Herberge verirrt. Tagestouristen sind heute ebenso Bestandteil des touristischen Geschehens wie Pilger oder völlig verdreckte Mountainbiker, die ein gestandener Wirt in den 70er-Jahren mit den Worten »Geht's euch amoi waschen!« vor die Tür gesetzt hätte, und der nun in seinem »Radfreundlichen Unternehmen« die Gäste so nimmt, wie sie kommen.

Deutsche in Lederhosen

Auch wenn man von unseren Nachbarn aus dem Norden gelegentlich die Forderung »Weg mit den Alpen, freier Blick aufs Mittelmeer!« vernimmt, so wedeln nach wie vor viele Deutsche begeistert über die österreichischen Pisten. Wobei sich das Bild seit meiner Jugend doch dramatisch geändert hat: Früher galten die deutschen Touristen als Garant für Liquidität und als dankbares Publikum für den heimisch plumpen Skilehrer-Schmäh. Empfangen wurden sie in urigen Skihütten von lustigen Österreichern in traditioneller Kleidung. Hinter den Kulissen fand man Saisonarbeiter aus dem Osten oder Süden, die als Tellerwäscher, Speisenträger oder an der Schank arbeiteten. Das hierarchische Gefälle war klar strukturiert. Man kannte sich aus, wer bewirtet und wer hier bewirtet wird.

Dann kamen der Fall der Mauer, die Wiedervereinigung, die Rezession, die Krise, der Klimawandel und wieder die Krise. Gelangt man heute in Hörweite einer Skihütte, so wird die Endlosschleife aus Helene Fischers »Atemlos« und DJ Ötzis »Anton aus Tirol« nur von einer Durchsage in norddeutschem Akzent unterbrochen: »Nummer 152 – die Kass-Nocken und 153 die Spaghetti ›Bolo‹ sind fertisch ...«

In den Skigebieten sind nun zusehends Tschechen, Ungarn, Russen oder Polen die Garanten für Liquidität, die sich in den urigen Skihütten von lustigen Österreichern in traditioneller Kleidung bewirten lassen. Hinter den Kulissen, hinter der Schank: die Deutschen – als Saisonarbeiter in zünftiger Lederhose.

Heute ist das Bild so gemischt, dass man nicht mehr unterscheiden kann, welche Nationalität nun Gast und welche Gastgeber ist. Irgendwie ist die Welt nicht mehr so einfach wie früher. Gott sei Dank.

Kulturnation

Das Schöne an der Kultur ist, dass man sie nicht unbedingt selber konsumieren muss, um von ihr leben zu können. Obwohl nur ein Bruchteil der Österreicher in den Genuss bildender, darstellender oder angewandter Kunst kommen möchte, profitiert das Land, trotz der erforderlichen staatlichen Subventionen, auch finanziell. Denn man reist gerne nach Österreich, der lieben Kultur wegen.

Österreich-Touristen

Touristen gehören zum Stadtbild von Salzburg, Innsbruck oder Wien genauso wie die Bewohner. Dabei hat sich diese überaus beliebte Migrantengruppe die letzten Jahre verändert. Früher waren die Touristen stets darum bemüht, beim Ablichten von Sehenswürdigkeiten das Ablichten der Menschenmassen davor zu vermeiden, um den Daheimgebliebenen zu vermitteln, man hätte das goldene Dachl oder den Grazer Uhrturm als Geheimtipp alleine entdeckt. Fotos, auf denen man selbst zu sehen war, galten, außer bei japanischen Reisenden, in intellektuelleren Kreisen als verpönt, man wollte ja seine Studienreise dokumentieren und nicht damit angeben.

Mit Aufkommen der Selfie-Ära ist das eigene Erscheinen auf den Fotos nicht nur peinliche Kür, sondern selbstbewusste Pflicht. Es geht nicht mehr darum, die Existenz des Stephansdoms zu beweisen, dazu gibt es Wikipedia. Es geht darum, die eigene Existenz vor dem Stephansdom zu dokumentieren. Mehr noch, der Kirchenbau tritt weiter in den Hintergrund, bis man nur mehr sich selbst auf dem Bild sieht. Als Beweis für die eigene Existenz.

Touristenmagnet Salzburg

Wer ist die Buhlschaft? Jedes Jahr im Sommer blickt die ganze Welt auf Salzburg. So steht es geschrieben, so vernimmt man es aus den Medien des Landes, wenn die Salzburger Festspiele begangen werden. Der Begriff »die ganze Welt«, sagen wir es mal freundlich, ist nur zum Teil richtig. Es ist nicht die ganze Welt, sondern die Welt, die sich für klassische Musik und Theater interessiert. Damit wird die Welt schon bedeutend kleiner und beschränkt sich großteils auf eine kunstbeflissene oder intellektuell-akademische, zahlungskräftige Schickimicki-Zielgruppe. Da die Festspiele auch nicht in alle Länder der Welt live übertragen werden, würde ich auch mal Burundi, Grönland und Polynesien von der »ganzen Welt« ausklammern. Ja, nicht einmal innerhalb von Österreich blickt man gebannt nach Salzburg, und in einem Simmeringer Gemeindebau ist Salzburg gedanklich genauso weit weg wie Burundi. Zwar kommt man kaum an den Schlagzeilen vorbei, aber durch rasches Wenden der Zeitung auf die Sportseiten lässt sich die Information für viele zumindest ausblenden. Trotzdem stellen die Salzburger Festspiele im internationalen Kulturzirkus verdientermaßen durchaus einen Fixpunkt dar. »Sehen und gesehen werden« ist das Motto auf den glanzvollen Premieren. Die Spitze des Landes trifft hier auf Regierungsvertreter der Nachbarländer und auf Thomas Gottschalk, was die umkämpften Karten zum beliebten Zahlungsmittel in der korruptionsfreien Geschäftswelt macht.

Den »Jedermann« muss man in der neuen Inszenierung zumindest zweimal gesehen haben, vor allem, wenn eine neue »Buhlschaft« debütiert. Trotz seiner 90 Jahre am Spielplan und trotz seines gewaltigen Erfolgs ist der »Jedermann« ein bemerkenswert mittelmäßiges Stück.

Um die Zeit zwischen den Sommern wirtschaftlich zu überbrücken, gibt es in Salzburg die Oster-Festspiele und die Pfingstfestspiele. An den Nikolo-Festspielen und den Internationalen Welt-Nichtrauchertag-Festspielen wird noch gearbeitet.

Großes Freilichtmuseum
Salzburg war mit dem Anschluss an das Habsburgerreich wirtschaftlich nicht sonderlich erfolgreich. Ende des 19. Jahrhunderts entwi-

ckelte sich eine neue Branche, die der architektonisch und kulturell beeindruckenden Stadt in die Hände spielte: der Tourismus. Dass man mit den Gebeinen von Märtyrern Pilger anziehen konnte, war bekannt. Doch plötzlich interessierten sich Menschen aus der Ferne auch für Kultur und Kunst, und diese Menschen hatten im Gegensatz zu den Pilgern auch jede Menge Kohle. So begann Salzburg mit dem Abbau dieser Kohle aus den Touristen und hat den Industriezweig bis heute perfektioniert. Rasch wurde Wolfgang Amadeus Mozart, gebürtiger Salzburger, als Aushängeschild gefunden. Ob ihm das so gefallen hätte, steht auf einem anderen Blatt. Und zwar in einem seiner Briefe vom 12. Juli 1783: »Ich hoffe nicht, dass es nötig ist zu sagen, dass mir an Salzburg sehr wenig und am Erzbischof gar nichts gelegen ist und ich auf beides scheiße.« Wahrscheinlich war es das scharfe »S« im Wort »scheiße«, das eine breite internationale Vermarktung dieses Satzes erschwerte.

Dass die Salzburger Innenstadt mit Getreidegasse, Residenz- und Domplatz oder der Pferdeschwemme mitunter wie ein großes Freilichtmuseum anmutet, liegt nicht zuletzt daran, dass sich dort neben den herumstreifenden Touristen vorwiegend Menschen aufhalten, die von den dort herumstreifenden Touristen leben. Neben wirklich guten Goldschmieden bieten auch nicht ganz so gute Souvenirläden feinste Salzburger Handwerkskunst feil, die offensichtlich von in Bangladesch urlaubenden Salzburgern am Strand gefertigt wurden. Ein paar überteuerte Hotels zeigen zu Festspielzeiten, was wirklich überteuert heißt, und Wolfgang Amadeus hat alles im Blick. Huldvoll schaut er von Mozartkugeln, Mozarttalern und Mozart-Mottenkugeln.

Die jüngere Bevölkerung nimmt den Trubel um das berühmteste Kind der Stadt unaufgeregt zur Kenntnis, nein, freut sich sogar darüber, dass die Ahnen klug genug waren, dieses Kind so zu vermarkten, dass die jetzige Generation gut davon leben kann, ohne sich mit dem ganzen Kram auseinandersetzen zu müssen.

Austropop

Es ist bemerkenswert, dass, neben dem Donauwalzer, die heimliche Hymne der Österreicher ein Lied ist, das von einem heimischen »Austropopper« stammt. Austropop ist eine Kunstform, die vor einigen Jahrzehnten als der Versuch gestartet war, den Spagat zwischen heimischer Volksmusik und der internationalen Pop-Chart-Musik zu schaffen, und die dabei meist auf die Schnauze fiel. Dennoch war der Sänger Reinhard Fendrich zu Zeiten, in denen »Youtube« noch »Kassettenrekorder« hieß, ein einheimischer Teenie-Star. Er komponierte jenen zeitlosen Gassenhauer: »I am from Austria«. In den frühen 1970er-Jahren gab es die ersten Austro-Erfolge. Die Ostösterreicher Wolfgang Ambros und Georg Danzer waren selbst für das westösterreichische Publikum eine Bereicherung. Und der Beweis, dass man nicht gut singen können muss, um gut zu singen.

Der ehemalige ORF-General Gerd Bacher hatte 1968 mit dem sogenannten »Schnulzen-Erlass« gefordert, statt deutschsprachiger Schlager internationale Popmusik zu spielen. Das Wort des gestrengen Direktors war Gesetz und führte dazu, dass im staatlichen Jugendsender Ö3 die Quote deutschsprachiger Musik massiv zurückging. Die »Ent-Roy-Blackisierung der Jugendkultur«, wie sie vom Künstler und damaligen Ö3-Moderator André Heller bezeichnet wurde, ließ Herrn Black und Co. in die Bundesländer-Regionalsender von Ö2 abwandern, wo sie noch heute ihr Dasein fristen. Damit wurde zwar unmittelbar auch Platz für innovativere deutschsprachige Liedermacher und damit auch den Austropop geschaffen, Jahre später sollte sich jedoch genau diese Order am Austropop rächen.

Falco

Auf der neuen deutschen Welle in den 80er-Jahren schwammen auch eine Menge österreichischer Bands mit, ganz obenauf einer der erfolgreichsten musikalischen Exporte: Hansi Hölzl, der es als Falco sogar bis auf Platz eins der US-Charts schaffte – bemerkenswerterweise mit einem Lied über seinen musikalischen Vorgänger »Amadeus«.

In den 90er-Jahren war Schluss mit Austro, als sich der dominierende Musiksender Ö3 dazu entschloss, im Großen und Ganzen kaum mehr heimische Musiker zu spielen. Eine Entscheidung, die irgendwie zu dem altbekannten Bild passte: sich doch immer wieder für das eigene Austro-Tun zu genieren. Manche Dinge, die aus Österreich kamen, waren dem Österreicher »peinlich«, dem Ostösterreicher sogar »ur-peinlich«, für die heutigen Jugendlichen übersetzt: »Mega-peinlich, du Opfer!« Im Gegensatz zu anderen Nationen, die in Landessprache geträllerte Musikstücke rauf und runter spielten, setzte man lieber auf englischsprachige Lieder. Denn wenn andere schon darüber entschieden hatten, was ein Hit ist, brauchte man den eigenen Geschmack nicht zu bemühen. So viele Menschen werden sich nicht irren. Ein Phänomen, das man auch von Facebook kennt. Wo Daumen nach oben sind, kommen Daumen nach oben hinzu. Oder, wie der Österreicher so schön sagt: »Wo Tauben sind, fliegen Tauben zu« bzw. »Der Teufel scheißt immer auf den größten Haufen.«

Alpen-Rock

Auf dem Nährboden dieser nationalen Unsicherheit säten ein paar heimische Künstler zarte Pflänzchen einer musikalischen Kultur, die die große weite Welt mit Bergen, Sennerinnen und Lederhosen verknüpfen wollten. Das funktionierte erstaunlich gut, sodass die »neue Volksmusik« als alpenländische Innovation eine große Fangemeinde bekam. Hubert von Goisern durfte Ziehharmonika und Tracht hervorkramen, ohne die jungen Fans in die Flucht zu schlagen.

Immer wieder gelingt es dem einen oder anderen Dialektlied, auch in die heimischen Charts zu gelangen und damit einen Hauch von Selbstbewusstsein zu verbreiten. 2010 schaffte es sogar ein Song aus Vorarlberg, innerhalb Österreichs weltweite Berühmtheit zu erlangen. Was insofern bemerkenswert war, als der Text von »Vo Mello bis ge Schoppornou« für die Restösterreicher übersetzt werden musste, die lange Zeit dachten, darin die englische Songzeile »Way down« erkannt zu haben. Dass der junge Bregenzerwälder mit »weh tau« seine Füße meinte, die ihm »weh getan« hatten, wurde vielen erst mit der offiziell herausgebrachten Übersetzung vom Vorarlbergerischen ins österreichische Hochdeutsche bewusst. Auszug gefällig?

»Samstag Zaubod a dor Egg, I beo wiedor amaul halb varreckt. Oas, zwo, drü, vier, fünf, seggs, siebo Gläsle sand oas zviel gsin, I gloub i ka nix daföar.

No an letschta blick uf mine Rolex Uhr, häb oa Oug zua, dass I jau do Zwölfar sea,

Glück kea, glück kea und scho hat ar mi gseah, Guni seyt itz züad Fäda I toar nämle zuo min Läda.

REFRAIN: /:Vo Mello bis ge Schoppornou bean I gloufo d'Füaß hemmor weh tau:/

/:Weh tau, we tau, we tau, d'Füaß hemmor weh tau:/«

Die Übersetzung finden Sie im Anhang oder Sie suchen den Vorarlberger Ihres Vertrauens auf und bitten ihn, die Zeilen auszudeutschen.

Kulturgüter

Kulturgüter sind für alle da. Sie können immateriell sein, wie das Raunzen, aber auch materieller Natur wie das Schnitzel. Der mäßig ausgeprägte österreichische Nationalstolz wird durch einen übermäßigen Beschützerinstinkt für heimische Kulturgüter kompensiert. Hier findet der Österreicher seine Identität und zeigt, dass ihm ja doch nicht alles wurscht ist.

Kulturgut 1: Perchtenläufe und der Nikolo

Wenn es um das heimische Kulturgut geht, kennen die Österreicher keinen Spaß. So gilt der Heilige Nikolaus, unter Freunden auch Nikolo genannt, als eine der populärsten Figuren im katholischen Brauchtum. Als »Good Cop« kann er gegen den »Bad Cop« Krampus punkten. Während in den ländlichen Gebieten der Nikolo bei den Umzügen von einer Unzahl an Ganggerln (Teufeln) bzw. auch Perchten begleitet wird, die mit Bockshörnern und Kuhschellen ordentlich Randale machen, geht es in den Städten ruhiger zu. Hinter dem professionell gemieteten Nikolo, mit weißem Bart, Bischofsmütze und klerikalem bodenlangen Gewand, betritt auch der rasch angelernte, dafür kostenlose Nachbar mit echtem Schnauzbart, echtem dicken Bauch und ausgeborgter roter Weihnachtsmannbekleidung die kleinen Gemeindebauwohnungen. Dass es einen Unterschied zwischen dem kirchlichen Würdenträger und dem roten Coca-Cola-Santa-Claus gibt, ist den wenigsten bewusst.

Man singt dem Nikolo zur Begrüßung »Lasst uns froh und munter sein …«, die Erwachsenen freuen sich darüber, dass die Kinder den Nachbarn nicht erkennen, und die Kinder lassen die Erwachsenen in diesem Glauben, um ihnen die Freude nicht zu nehmen. Es gibt ein paar weise Worte, Süßigkeiten und Geschenke. Was soll schlecht an diesem Brauch sein?

Dennoch beklagt man eine zunehmende Nikolo-Müdigkeit, vor allem in öffentlichen Kindergärten diskutiert man immer wieder, ob man den Nikolo willkommen heißen soll.

Rechtsgerichtete Interessenverbände werten dies gerne als Beweis für die zunehmende Islamisierung der Gesellschaft. Das mag dem Bischof von Myra, der zu Lebzeiten in der heutigen Türkei tätig war, gefallen oder nicht. Seine Rolle als von Gutmenschen unterwandertes Bollwerk wider fremde Kulturen wird er so schnell nicht mehr los.

Auch stellt die alljährliche Diskussion die Frage, ob der Nikolo, wie wir ihn als Kinder kannten, noch zeitgemäß sei. Nicht, weil er aus einem goldenen Buch statt von einem I-Pad liest. Aber auch deswegen. Ein weiterer Aspekt entfacht die Gemüter: Darf eine christliche Respektsperson einfach so in die Kindergärten des Landes spazieren und Kindern anderer religiöser Weltanschauungen die Rute ins Fenster stellen bzw. sie mit Nüssen füttern? Die Kritik kommt dabei nicht nur von Religionsvertretern und fundamentalistischen Atheisten. Bildungsexperten etwa beklagen, dass der Nikolo allzu leichtfertig Süßigkeiten verteilt. Im Speziellen auch an Kinder, die den geforderten Standards an Bravheit und Fleiß eigentlich nicht genügen und dennoch belohnt werden – was wiederum eine Nivellierung nach unten und damit den Verfall unserer Gesellschaft bedeutet.

Kinderpsychologen stoßen sich daran, dass die Aussage »Na, warst du denn brav dieses Jahr?« nicht mit den Prinzipien einer klientenzentrierten und gewaltfreien Kommunikation in Einklang zu bringen ist. Denn es sollte eher heißen: »Ich sehe, du hast saubere Fingernägel, und das fühlt sich für mich gut und befreiend an.«

Der Handel unterstützt zwar die wirtschaftlich durchaus begrüßenswerte Aktion in der Dürreperiode zwischen Halloween und Weihnachten, beklagt jedoch die fahrlässig in die Säckchen eingebrachte Großware wie Orangen oder Mandarinen, die höherpreisigen Süßwaren den Platz wegnehmen. Kinder beklagen den allzu autoritären Stil, mit dem der heilige Nikolaus vorgetäuschte Höflichkeit einfordert, um einen überhaupt in die Nähe der Gaben gelangen zu lassen. Und Mediziner kritisieren, dass hier eine Person mit Vorbildfunktion ungesunde Dinge gutheißt, während der Arzt, der vor eben diesen Dingen warnt, im Vergleich dazu natürlich die Arschkarte gezogen hat.

So wird aus verschiedenen Gründen überlegt, den Nikolo in öffentliche Einrichtungen nicht mehr einzuladen und ihn mit seinem Rentierschlitten unverrichteter Dinge weiterzuschicken. Das kränkt den Nikolo, denn ihm wird nicht nur untersagt, »in unsere warmen Stuben zu treten«, er muss auch noch zu Fuß weiter, da er in Wirklichkeit gar keinen Rentierschlitten hat, den nämlich nur der Weihnachtsmann besitzt. Nun, selber schuld, wenn man nicht bereit ist, sich an die Erfordernisse des freien Marktes anzupassen und in der Tradition verharrt.

Alternativ könnten wir die Lücke füllen und einen gesundheitsförderlichen Dr. Nikolo in die Kindergärten schicken. Da bekommen nur die schlimmen Kinder Süßigkeiten als Strafe. Die Braven dürfen 20 Liegestütze machen und einen halben Apfel essen, wenn sie sich danach, vor den gestrengen Augen des Doktor N. die Zähne putzen. Selbstverständlich putzt auch er sich selbst, dem Krampus und den Rentieren, die er sich vom dicken Weihnachtsmann ausgeborgt hat, die Zähne und macht ein Dutzend Sprungkniebeugen.

Doktor Nikolo kehrt übrigens nicht erst in einem Jahr wieder, sondern kommt bereits nach sechs Monaten zur Kontrolle vorbei. Und das freut wiederum den Handel, um die Dürreperiode zwischen Weihnachten und Halloween zu überbrücken.

Anti-Kulturgut Halloween

Wenn die Kinder wieder durch die Straßen ziehen und »Süßes oder Saures!« rufen, weiß man, dass der Herbst endgültig ins Land gezogen ist. Vor allem ältere Landsleute missbilligen den Trend, das traditionelle Totenfest zu pimpen. Immerhin ist der Tod eine ernste Angelegenheit und hat in Österreich eine lange Tradition.

Obwohl man hierzulande kritisiert, dass Halloween eher ein amerikanischer Schmarrn denn ein heimischer Brauch ist, haben die Kinder weitaus mehr Freude über eine Klingeltour von Haus zu Haus als über eine Friedhofstour von Grab zu Grab – wo hoffentlich niemand aufmacht. Was den Fun-Faktor anbelangt, schlägt Halloween Allerheiligen um Längen. Auch die Supermärkte verdienen besser an Kürbissen, orangefarbener Schokolade und Pom-Bären in Geisterform als an Teelichtern für die Grablaterne.

Als Hexen-Neujahr »Samhain« ist Halloween zudem ein altes, vorchristliches Fest keltischen Ursprungs, das mitunter auch als grausam beschrieben wird. In beiden Fällen wird letztlich der Toten gedacht. Wobei natürlich der Besuch eines Friedhofes etwas kontemplativer ist als das Schnorren von Gummibärchen.

Während das kindliche Schlemmen zum Gedenken der Toten von manchen als pietätlos empfunden wird, gilt der Besuch des Friedhofes, samt nachträglicher erwachsener Völlerei und Besäufnis im Wirtshaus, als österreichische Tradition naturgemäß »dem Anlass entsprechend«.

Kulturgut 2: Perchtenläufe und Co.

In der Vorweihnachtszeit wird das österreichische Brauchtum selbst dem größten Brauchtumsmuffel bewusst, so er gewillt ist, die weitgehend brauchstumsfreien urbanen Zonen zu verlassen. Dann gibt es landauf, landab zahlreiche Umzüge mit Krampussen, Schön- und Schirchperchten, die mit Ketten rasseln, auf Kuhglocken und Passanten einschlagen, wobei die Kuhglocken deutlich mehr aushalten als die Passanten.

Diese Bräuche stammen meistens aus den Alpentälern Salzburgs und Tirols. Im Flachland musste man sich aus ein paar Versatzstücken eigene Bräuche zusammenzimmern. So breiteten sich in den letzten 50 Jahren Bräuche wie Perchten- und Krampuspassen auch in Regionen aus, in denen sie früher nicht heimisch waren. Viele »traditionelle« Brauchtumsgruppen wurden sogar erst in den

1990er-Jahren gegründet. Man besinnt sich zurück, man möchte Tradition, vor allem aber will man trinken – und der Tourismusverband freut sich über jedes Quäntchen Brauchtum in der verwaisten Ortschaft. Die Perchtenvereine haben sich dem Fortbestehen des Brauchtums verschrieben, nicht zuletzt, um einen traditionellen Perchtenlauf wieder von einer traditionellen Wirtshausprügelei unterscheiden zu können.

Zwar finden die meisten Krampusläufe Anfang Dezember, die Perchtenläufe rund um den Jahreswechsel, in den Rauhnächten statt; dennoch wird nichts so heiß gegessen, wie um die Feuer getanzt wird, und man legt das wilde Treiben mittlerweile auf Termine, die sich gut in den örtlichen Veranstaltungskalender fügen.

Wirtschaft stärker als der Teufel
So furchteinflößend sich die Gestalten auch geben, ohne Lobby haben sie gegen das nüchterne Heute kaum eine Chance. Der Teufel läuft längst nicht mehr durch die Straßen, sondern steckt im Detail. Schließlich hat die Wirtschaft ein Wörtchen mitzureden. Die Läufe sind mit Kosten verbunden, man benötigt Sicherheitskräfte, Absperrgitter und Argumente im Gespräch mit der lokalen Kaufmannschaft, deren Geschäfte temporär in gesperrten Einkaufsstraßen liegen. Auch der Zweck des lauten Treibens der in zottelige Felle gehüllten hässlichen Perchten, nämlich die kalte Jahreszeit zu vertreiben, liegt sicher nicht im Interesse der heimischen Tourismusindustrie, die zur Winterhochsaison von genau dieser kalten Jahreszeit lebt. Zwar ist man nicht abergläubisch, aber sicher ist sicher.

Safety first: Krampusläufe light
Wenn die Perchten wieder mal »die Straßen unsicher machen«, erkennt man bereits dringenden Handlungsbedarf. In einem Land, in dem absolute Sicherheit nicht nur im Verfassungsrang steht, sondern fast schon religiöse Charakterzüge aufweist, darf nichts und niemand irgendetwas »unsicher« machen.

Da es absehbar ist, was passiert, wenn man volltrunkene Jugendliche in Kostüme steckt und sie mit Ruten, Ketten und Peitschen bewaffnet auf die Bevölkerung loslässt, musste man dem lustigen Treiben mancherorts einen Riegel vorschieben. Da es immer wieder zu Ausschreitungen gekommen war und da Besucher, die verprügelt ins Krankenhaus eingeliefert werden müssen, kein touristisch gut zu vermarktendes Highlight darstellen, wurde dem Krampus die Rute gestutzt – und damit sei nur das aus Weidenzweigen zusammengebundene Schlagwerkzeug gemeint. Auf der anderen Seite wurde damit aber auch die Rute in Mitleidenschaft gezogen – und hier sei explizit etwas anderes gemeint. Denn vielerorts hat man den Krampus bis zur Harmlosigkeit kastriert.

Als Mediziner muss ich das natürlich begrüßen. Denn unkontrollierte gewalttätige Ausschreitungen sind der Gesundheit abträglich. Dass man nun die Perchten-Läufer namentlich registriert und auch mit einer Nummer versieht, damit sie nicht in alkoholisierter Anonymität auf andere Dorfbewohner einprügeln, die ihnen ein Dorn im Auge sind, oder junge Mädchen und Frauen im Machtrausch verdreschen, ist nicht unklug.

Doch im Bestreben, den letzten Rest an Furcht aus den Umzügen zu entfernen, im Versuch, das hehre Ziel der absoluten Sicherheit für die Besucher zu gewährleisten, hat man nun das Kind mit dem Bade ausgeschüttet und den Läufen mit der Modernisierung den Thrill-Faktor eines Heimatmuseums verpasst. Und das wiederum muss ich als Mediziner ablehnen.

Als meine Kinder vor einigen Jahren am Gnigler Krampuslauf in der Stadt Salzburg zum ersten Mal bei dem Event dabei waren – wohl gemerkt aus freien Stücken –, waren sie voller gruselig-freudiger Erwartung. Mit dicken Skihosen bekleidet und einem kleinen Polster am Hintern gebunden, um die Perchten ein wenig ärgern zu können und deren Rutenhiebe aber nicht ganz so fest zu spüren, mussten sie beobachten, wie die Gesellschaft das Ereignis zu einem Hochsicherheits-Act reduziert hat.

Statt von Perchten über den Platz gejagt zu werden, waren Zuseher und Darsteller durch ein polizeiliches Absperrgitter voneinander getrennt, ein Platzsprecher verlautbarte die Namen der aufmarschierenden Krampusvereine, das Publikum fotografierte die maskierten Gestalten aus sicherer Position mit dem Smartphone. Und meinen Kindern war mit Skihose und Polster viel zu heiß.

Die Hexen, die Perchten, die Krampusse und die Teufelsgestalten wurden nicht, wie früher üblich, vom heiligen Nikolo zur Räson gerufen, sondern von Ordnern, die mit Funkgeräten und grellen Warnwesten ausgerüstet die Perchtenläufer zurückpfiffen, wenn sie der Absperrung zu nahe kamen. Damit waren die heutigen Machtverhältnisse klar definiert. Sicherheitskräften können weder der teuflische Belzebub noch der heilige Bimbam etwas entgegensetzen.

Ein schales Gefühl stellt sich ein, wenn eine an sich heiße Sache lauwarm serviert wird. Die Kulturanthropologin Michaela Noseck-Licul vermisst bei den heutigen Umzügen die kathartische Wirkung, die auch die eigene Person in das Spektakel miteinbezieht. Nicht als Zuseher, sondern als Akteur. Mit der Möglichkeit – wenn auch im gesicherten Rahmen –, hier körperlich etwas zu spüren.

Vielleicht hätten die Krampusumzüge mehr Zukunft, wenn die Perchten die Straßen nicht unsicher, sondern sicher machen würden. Statt wilder Felle reflektierende Warnwesten, und schon kann das Ganze zu einem netten Familienfest werden, in dem man ganz nebenbei noch die Verkehrsregeln kennenlernt.

Von offizieller Seite gab man sich beim Gnigler Umzug hingegen zufrieden: Hunderte aktive Perchtenläufer wurden von tausenden passiven Gästen bestaunt, es gab keine schweren Vorfälle, nur wenige Anzeigen an die Landespolizeidirektion Salzburg, wegen »Störung der öffentlichen Ordnung«. Was für eine Welt, in der nicht einmal die Teufelsgestalten die öffentliche Ordnung stören dürfen.

Kulturgut 3: Nicht zu Haus und doch nicht an der frischen Luft – das Café

Ich kann nicht umhin, ein Kapitel einer Institution zu widmen, die man vor allem mit der Bundeshauptstadt in Verbindung bringt: dem Wiener Café! Seit 2011 gehört das Stück Wiener Tradition zum immateriellen Kulturerbe der UNESCO.

Ohne das Kaffeehaus zu einem Ort der Kultur hochstilisieren zu wollen, der möglicherweise nur in der verklärten Fantasie von Künstlern und Literaten existiert, die rechtfertigen wollen, warum sie nicht zu Hause, sondern in einem Wirtshaus sitzen, sei angemerkt: Sie haben nicht unrecht.

Obwohl es den Betreibern meines Erachtens wohl reichlich egal ist, ob sich nun angehende Künstler unter ihren Gästen befinden, so sie bezahlen, pflegt man nach wie vor die Sitte, den Besuchern so viel Zeit einzuräumen, wie sie möchten. Während man in einem normalen Restaurant nach dem Dessert in kurzen Zeitabständen höflich gefragt wird, ob man nicht noch etwas konsumieren möchte, andernfalls seinen Platz an andere potentielle Gäste abzugeben oder doch bitte daran zu denken, dass das Personal auch einmal Pause machen möchte, wird man im klassischen Kaffeehaus mit einem »kleinen Braunen« in Ruhe gelassen. Das ist gleichzeitig auch die Kehrseite der Medaille. Denn wenn man etwas möchte, kann sich dieses »in Ruhe lassen« zu Ungunsten des bestellwilligen Gastes äußern.

Der Umstand, dass man trotz der doch nicht unbeträchtlichen Kosten für etwas gefärbtes heißes Wasser relativ billig über den Tag kommt, an einem windgeschützten und geheizten Ort, und noch dazu gratis die internationalen Tageszeitungen, eingespannt in Holzgestellen, durchblättern kann, dürfte der eigentliche Grund sein, warum gerade so viele Künstler diese Etablissements aufsuchen. Daraus die Wiener Gemütlichkeit abzuleiten, wäre dann doch ein wenig vermessen. Denn warum soll diese Form der Wirtsstätte gemütlicher sein als ein irischer Pub oder eine Kneipe in Bremen?

Ich selbst habe viele Stunden, ich möchte fast sagen Tage, eigentlich Jahre in Kaffeehäusern verbracht, wahrscheinlich hätte ich mir schon einen Sportwagen um den Wert der getätigten Konsumation kaufen können. In einem Sportwagen kann man aber nicht so gut Zeitung lesen.

Während meines Studiums durfte ich selbst auch Teil der lebendigen Kaffeehauskultur sein, als ich mir mein Geld als Pianist im Café Zartl im dritten Wiener Gemeindebezirk verdiente. Der Betrieb ist stolz auf seine historischen Stammgäste Robert Musil, Heimito von Doderer, Friedensreich Hundertwasser oder Friedrich Gulda und wahrscheinlich auch auf mich, wenn ich ihnen sage, dass sie auch auf mich stolz sein sollen.

Touristen aus Übersee, die ich begeistert in meine Lieblingscafés gekarrt habe, waren mitunter enttäuscht, wenn ihnen als »Typical Viennese Coffee« kein Milchkaffee mit Schlagobers-Gupf (also Sahnehäubchen) serviert wird, sondern eine Spezialität, die man hierzulande als »Melange« bezeichnet und die eine Koffeinmenge beinhaltet, von der eine durchschnittliche Farmerfamilie aus Arizona einen halben Monat lang Herzklopfen hätte. Die meist mäßig freundlichen Kellner tragen das ihre dazu bei, dass sich die Touristen wieder in ihr Coffeehouse nach Übersee wünschen, wo der Wiener Kaffee noch nach Wiener Kaffee schmeckt.

Legenden rund ums Café

Der erste Kaffee soll ja, glaubt man der Legende, nach der Zweiten Wiener Türkenbelagerung 1683 von den Belagerern vergessen worden sein. Der damals durch seine Spionagetätigkeit während der Belagerung als Held gehypte Offizier Georg Franz Kolschitzky übernahm die Säcke mit den seltsamen Bohnen und gründete das erste Wiener Kaffeehaus. So weit die Legende. Tatsächlich dürfte es der Armenier Johannes Theodat gewesen sein, was sich jedoch nicht so gut als Legende eignet. Denn ein pfiffiger Wiener, der einem Gegner etwas Wertvolles abluchst, verkauft sich besser als ein pfiffiger Armenier, der vom Großteil der Bevölkerung nicht von einem belagernden Türken zu unterscheiden ist.

Aus dieser Zeit dürfte auch das gerne zum Kaffee gereichte typisch österreichische Kipferl, also das deutsche Hörnchen, stammen; wobei man unter »Hörnchen« in Österreich landläufig Nudeln versteht, die man in Form von Haschee-Hörnchen zubereiten kann; gemeint ist Haschee, das in Deutschland Hackfleisch bezeichnet und mit dem man eine Hackfleisch-Pfanne zubereiten kann, und langsam tu ich mir wirklich, wirklich schwer, eine einheitliche, verständliche und barrierefreie Sprache für die regionalen Küchenbegriffe zu finden. Ehrlich wahr! Das ist echt ein Topfen. Verzeihung. Ein Quark.

Dass die zweite Türkenbelagerung für die Österreicher letztendlich ein gutes Ende nahm, ist auch guter Nachbarschaftshilfe zu verdanken. Da den 17 000 Mann auf österreichischer Seite rund 300 000 türkische Belagerer gegenüberstanden, konnten sie nur durch das Eingreifen des vom Polenkönig Jan Sobieski angeführten »Entsatzheeres« in die Flucht geschlagen werden. Auch so etwas, was später eher nur am Rande erwähnt wurde, denn das Bild, von einem Ostblockland befreit zu werden, passte irgendwie nicht so ganz in das Bild des wohlhabenden Österreich.

Irritierenderweise beeinflussen die Türkenbelagerungen von 1529 und 1683 nach wie vor die Klischeevorstellungen von türkischen Landsleuten. Selbst im Jahr 2015 strapaziert die FPÖ das Bild der »dritten Türkenbelagerung«, die nun durch den vermehrten Einfluss des Islam in Europa stattfände. Zwischen den Zeilen ist auch klar, welche Rolle Österreich hier haben soll: Bollwerk gegen die Türkischen Heerscharen und damit Retter des Abendlandes.

Lange Zeit nach der zweiten Türkenbelagerung galten Türken in Österreich als grausam und habgierig, allen voran der türkische Oberbefehlshaber Kara Mustafa. Grausam war auch sein Schicksal. Nach seiner Flucht aus Wien wurde er kurz darauf in Belgrad auf Geheiß des Sultans hingerichtet. Seine Kopfhaut wurde ausgestopft und bestattet, jedoch nach der Eroberung der Stadt durch die kaiserliche Armee wieder nach Wien gebracht und im bürgerlichen Zeughaus ausgestellt. Noch zweihundert Jahre später präsentierte man anlässlich der Eröffnung des neuen Wiener Rathauses stolz den Mustafa-Schädel neben anderen türkischen Trophäen. Auf der historischen Ausstellung konnte sich die Bevölkerung quasi wie an einer Anti-Reliquie ergötzen, und bis 1976 war die grausige Beute öffentlich zu sehen. Danach verstaute man sie im Wien-Museum, da man zusehends weniger stolz auf das Symbol des »Triumphes des Abendlandes über die Muselmanen«, sondern eher peinlich berührt war.

2006 schließlich wurde das Relikt höchst diskret der städtischen Friedhofsverwaltung übergeben und im islamischen Bereich des Wiener Zentralfriedhofes begraben. Der Schädel wurde mitsamt seiner etwas abstrusen Legende, langsam unter den Teppich, beziehungsweise unter die Erde gekehrt. Auch so kann man mit seiner Geschichte umgehen.

Weltoffene Kaffeehaus-Kultur

Auch heute noch nimmt man klassischerweise auf abgewetzten Bänken oder auf Sesseln, für die hochdeutsche Leserschaft: auf Stühlen, Platz, die meist aus Bugholz vom Wiener Traditionsunternehmer Thonet gefertigt werden. Man gibt sich auch hier langsam, aber sicher rauchfrei und wundert sich über die große Anzahl anderer Menschen im selben Raum, die man zuvor durch die dichten Rauchschwaden nur vermutet hatte. Sein Hab, sein Gut, den Kaffee stellt man auf die viel zu kleinen Marmortische. Neben das kleine Glas Wasser, das man nach wie vor als freundliche Geste unaufgefordert serviert bekommt.

Solch kleine Geschenke erhalten, wie man weiß, die Freundschaft, erwartet wird aber auch eine gewisse Gegenleistung. Die bekommen die Kaffeesieder, indem die Gäste fortan in der ganzen Welt erzählen, dass man in Wiens Kaffeehäusern gratis(!) ein Glas

Wasser bekommt. Der Werbewert ist ungemein höher als der Warenwert des Wassers und trägt zum Mythos bei, die Betreiber hätten nur die Gemütlichkeit im Sinne, nicht das Geschäft. Dabei geht es im Kaffeehaus durchaus ums Geschäft. Hier werden Beratungs- und Bewerbungsgespräche getätigt, kleine Incentives, Krisensitzungen und militärstrategische Pläne geschmiedet. Man fühlt sich wohl, wie im eigenen Wohnzimmer, und denkt kaum daran, dass die Besucher, die auf Tuchfühlung einen halben Meter daneben Platz genommen haben, vom Gesprochenen Kenntnis erlangen könnten.

Es wird natürlich auch gedatet, was das Zeug hält, blind oder offensichtlich. Man verabredet sich im Kaffeehaus, man hält Händchen und gibt einander Küsschen zur Begrüßung. Bei Letzterem sollte man Vorsicht walten lassen, vor allem, wenn man im Traditionscafé Prückel in Wien einkehrt – gelegen unweit des ehemaligen Stubentors der historischen Stadtmauer und dem Denkmal des umstrittenen antisemitischen Bürgermeisters Karl Lueger. Und vor allem dann, wenn man sich so als lesbisches Paar begrüßt. Obwohl die Gaststätte einen Ruf als liberales und weltoffenes Lokal hat, wollte man anno 2015 dann doch nicht ganz so liberal und weltoffen sein. Die Geschäftsführerin erklärte den beiden Gästen, »solche Andersartigkeiten gehören ins Puff und nicht in ihr Traditionskaffeehaus«, und wies sie vor die Tür. Womit sie nicht gerechnet hatte, war, dass die Welt 2015 liberaler und weltoffener war als das Prückel, und sich ein paar Tage später 2000 Menschen vor dem Lokal küssend zu einer Demonstration gegen Homophobie versammelten. Mit Transparenten wie »Wen ich küsse, ist mein Kaffee!« zeigte die über Facebook zusammengetrommelte Community, was sie von solchen Entgleisungen hielt. Das »täglich geöffnete« Café hatte Ruhetag. Um weiterhin Weltoffenheit und Liberalismus an die Fahnen des Prückel heften zu können, entschuldigte sich die Chefin für ihr Verhalten. Dennoch sehe sie es auch in Zukunft als ihre Aufgabe, »im Café auf die Einhaltung anerkannter Standards des gesellschaftlichen Verhaltens zu achten.« Waffenlobbyisten dürften demnach auch in Zukunft ein paar illegale Geschäfte bei einer Melange besiegeln, solange sie einander nicht küssen.

Bobo-Cafés – Kaffeekultur statt Kaffeehaus-Kultur

Bei Menschen, die Schwierigkeiten damit haben, dem in den Traditionscafés servierten Kaffee etwas Positives abzugewinnen, muss es sich nicht zwangsläufig um Banausen handeln. Wien ist nicht unbedingt der Maßstab für guten Kaffee, auch wenn es sich gerne als solchen sieht. Vielmehr gibt es in Wien weniger eine »Kaffeekultur« als eher eine »Kaffeehauskultur«. Dies sagen die jungen, wilden, urbanen und hippen Baristi, die sich in kleinen hippen Lokalen in den Bobo-Bezirken der Stadt ihren Traum vom eigenen Café verwirklicht haben. Plötzlich kommt der Filterkaffee wieder in Mode, es geht nicht mehr nur um die Art, wie der Kaffee zubereitet wird – nicht mehr um »Melange«, »kleinen Braunen«, »großen Mokka«, »Verlängerten« oder »Einspänner«, es geht um den Kaffee selber. Um die Bohnen, die Röstung. Negativ gefärbt könnte man sagen, man beginnt den Kaffee önologisch zu vergewaltigen. Das, was viele Quartals- und Spiegelsäufer fürchten, dass ihr Wein nun in den Stand einer langweiligen Wissenschaft erhoben wird, blüht nun auch dem Kaffee.

Schließlich war es früher auch gar nicht nötig, großartigen Kaffee zu servieren. Die Lokale waren derart verqualmt, dass die rauchgeschwängerte Nasenschleimhaut eine edle Arabica-Bohne kaum von einer Käferbohne unterscheiden hätte können. Ähnlich den Heurigenlokalen und Weinstuben, bei denen durch die Rauchschwaden nicht einmal erkennbar war, ob es sich um Rot- oder Weißwein handelte. Hier war das Genießen noch derart verschmutzt, dass es schon wieder Spaß machte.

Natürlich ist es ein wunderbares Erlebnis, die 400 Aroma-Komponenten des Weines und die 800 Aroma-Komponenten des Kaffees einzeln wahrnehmen und in einen Rausch der Genüsse eintauchen zu können. Aber irgendwie mag bei vielen keine so rechte Freude aufkommen, wenn man in einem gut klimatisierten, rauchfreien und sauberen Ambiente bei gut klimatisierter Hintergrundmusik gut klimatisierten Wein trinkt.

Nicht, dass man dem Rauchen in Lokalen unbedingt eine Träne nachweinen muss. Ein Besuch bei Starbucks ist eben etwas anderes als ein Besuch im Hawelka. Auch wenn man bei Starbucks den Kaffee sicher »richtiger« zubereitet als im Hawelka.

Im Gegensatz zum altbekannten Witz, bei dem der Ober im Kaffeehaus die Bestellung »eine Melange, zwei verlängerte Braune und zwei Cappuccino« an der Bar mit »Fünf Kaffee!« weitergibt, leiten die jungen Baristi nun mit qualitativ hochwertigen Bio-Fairtrade- oder Direct-Trade-Marken die dritte Welle von Kaffee, die »Third Wave of Coffee« ein. Nach der ersten Welle der günstigen Filterkaffees in der Mitte des 20. Jahrhunderts, der zweiten Welle der Espressogetränke und Coffee-to-Go-Läden besinnt man sich nun auf die Qualität des Naturproduktes.

Die dazugehörigen Cafés sind naturgemäß klein und persönlich, Pop-up-Läden, die man neugierig betritt, sobald sie eröffnet haben, und die schon wieder schließen, wenn man das Lokal verlässt. Im Gegensatz zu den etablierten Häusern finden sich nur einige wenige Mehlspeisen, die nicht nur selbstgemacht sind, sondern bewusst auch wie selbstgemacht aussehen. Statt Softdrinks gibt es zwei Fair-Trade-Limonaden zur Auswahl, in den Geschmacksrichtungen »Mango-Chili-Austernpilz« und »Cola-ähnliche Blaubeere«. Hier wird der Gaumen erfreut, an und auch über seine Grenzen geführt, sodass man unentwegt damit beschäftigt ist, all die Hunderte von Aromen zu erkennen. Wer stundenlang in Ruhe seine Zeitung lesen möchte, ist eher in einem der Traditionscafés gut aufgehoben. Dort wird man sicher nicht damit überrascht, dass das heiße gefärbte Wasser mit einer Ode an die Sinne oder einer Geschmacksexplosion aufwartet.

Kulturgut 4: Gaudi auf der Alm – Kühe sprengen

Abschließend sei noch auf ein etwas in Vergessenheit geratenes Kulturgut hingewiesen. Es geht nicht um das Aperschnalzen oder das Jodeln, sondern um das vor allem in Vorarlberg praktizierte Kühe sprengen. Manchmal verenden Nutztiere außerhalb eines Hofes durch Krankheit, Unfall oder Blitzschlag, trotz der bekannten Warnungen (»Bei Blitz als Kuh geh keinesfalls mit der Glocke um den Hals«). Zum Gewässerschutz und zur Erhaltung des intakten Landschaftsbildes ist der Landwirt für die Entsorgung des Kadavers zuständig. Da die Bergung mit Hubschrauber im unwegsamen Gelände zu teuer kam, durfte in unwegsamen Gelände das verstorbene Tier gesprengt werden. Durch einen Profi, oder billiger, den Bauern selbst: »Das Schwarzpulver im Haus erspart den Sprengmeister.« Die kleinen Stückchen verwesen rasch und stören das Landschaftsbild nicht so sehr wie ein ganzer toter Ochse neben dem Gipfelkreuz. Diese kuriose Praxis wurde 2001 aufgegeben, als die größere Öffentlichkeit von ihr erfuhr und sie nicht guthieß. Schließlich käme es auch nicht so gut bei Wanderern rüber, wenn sie aufgrund einer unvollständigen Sprengung auf der Almwiese zwischen einem Kuhkopf und einem Kuhhintern durchspazieren müssten. Da die Landesregierung versprach, die Kosten für die Bergung zu übernehmen, fehlte fortan auch die Veranlassung für das Kuhsprengen. So ging eine weitere österreichische Tradition verloren und es ist zu hoffen, dass die Landwirte mit dem noch übrig gebliebenen Schwarzpulver keinen allzu groben Unfug anstellen.

Titel als liebgewordene Tradition

In Österreich gibt es rund 900 Titel. Das ist angesichts einer Bevölkerungszahl von 8,5 Millionen Menschen gar nicht mal so viel. Doch allemal genug, um vom neidischen Ausland als »titelsüchtig« bezeichnet zu werden.

Amtstitel sind ein Relikt aus der Monarchie, in der man Beamte mit Titeln über die mehr als schlechte Entlohnung hinwegtröstete. Die vor allem von Maria Theresia im 18. Jahrhundert geschaffenen und ob des Anspruches auf Rentenzahlungen sehr begehrten Beamtenposten, mussten mit jahrelangen unbezahlten Praktika zu Beginn der Berufslaufbahn hart erarbeitet werden. Quasi eine Vorwegnahme der modernen »Generation Praktikum«.

Dem Kaiserreich entstanden mit der Vergabe der Titel keine Kosten und die Staatsdiener kamen zur Freude der hungrigen Familie zwar nicht mit einer Gehaltserhöhung, dafür aber mit einem neuen Titel nach Hause.

Hofrat Prof. h.c. Dr.

Tatsächlich waren Titel immer wieder auch eine Art Währung. Mit dem Vorteil, diese nicht versteuern zu müssen. Schließlich wäre ein schwarz erworbener Titel, den man nur im Verborgenen tragen dürfte, völlig sinnlos.

Dass auch Gymnasiallehrer in Österreich einen Professoren-Titel tragen, war letztendlich nichts anderes als das Ergebnis harter Gehaltsverhandlungen. Lehrer an höheren Schulen lassen sich gerne mit ihrem Titel ansprechen. Dies sorgt allerdings für eine Ungleichbehandlung gegenüber anderen Lehrern. Um diesem ungerechten Titelwahn zeitgemäß ein Ende zu bereiten, wird laut darüber nachgedacht, dass sich – ganz im Sinne einer österreichischen Lösung – auch Volks-, Mittel- und Hauptschullehrer als »Professor« bezeichnen dürfen. Es gibt aber auch den »richtigen« Professor, also den

Universitätsprofessor, den Univ.-Prof., also den »ordentlichen«, später auch den »außerordentlichen«, also den »Ao. Univ.-Prof.«. Daneben kann der »Professor« auch als Berufstitel vom Bundespräsidenten vergeben werden, für besondere Leistungen. So hat sich in seinen letzten Lebensjahren nicht etwa irgendein Udo Jürgens (nach dem letzten Lied im weißen Bademantel) von seinen Fans verabschiedet, sondern der Herr Professor Udo Jürgens.

Berufstitel gibt es für Menschen, »die sich in langjähriger Ausübung ihres Berufes Verdienste um die Republik Österreich erworben haben«. So das Gesetz. Da sind auch für mich als Hobbyjuristen ein paar rechtlich flexible Begriffe drin. Etwa »Verdienste«: Gilt das Wegräumen einer Hundewurst von öffentlichem Grund bereits als Verdienst? Oder »langjährig«: Genügt es, die Hundewurst insgesamt zweimal, in zwei aufeinanderfolgenden Jahren beseitigt zu haben?

Übrigens sind Personen, denen ein Amts- oder Berufstitel verliehen wurde, zwar berechtigt, aber nicht verpflichtet, diesen auch zu führen. Dies ist allerdings totes Recht, da in Österreich bislang vom Verzicht auf einen Titel nie Gebrauch gemacht wurde.

Titulierung von Titelträgern für Anfänger

Selbst wenn man Kenntnis darüber hat, dass sein Gegenüber eine Universität leitet, kann man mit einem durchaus respektvoll gemeinten »Herr Rektor« voll ins Töpfchen greifen. Hier wäre korrekterweise ein »Magnifizenz« angebracht, als Dekan einer Fakultät müsste man die Person mit »Spektabilität« ansprechen.

Während man international längst per Vor- und Zunamen korrespondiert, heißt man hierzulande mit der Promotion »Doktor« und der Anrufer wird unfreundlich, aber bestimmt auf den Fauxpas hingewiesen, wenn er die »Frau Doktor« sprechen möchte, jedoch korrekterweise die »Frau Professor« oder »Frau Primaria« hätte verlangen sollen.

Auch gibt es nach wie vor den »Hofrat« (früher als Titel für die höchsten österreichischen Beamten) und den »wirklichen Hofrat«.

Obwohl der Volksmund die Unterscheidung dahingehend interpretiert, dass »der Hofrat nichts, der wirkliche Hofrat wirklich nichts arbeite«, wurde der Titel im 18. und 19. Jahrhundert für die höchsten Beamten im Staat verliehen. Der Titel überlebte Monarchie, Zweiten Weltkrieg, die 68er-Bewegung und überlebt sogar den Ruhestand seines Trägers, denn man darf ihn mitnehmen und als Hofrat i. R. bis über das Lebensende hinaus auf seinen Grabstein gravieren lassen.

Die österreichische Identität

Obwohl wir seit geraumer Zeit Mitglied der Europäischen Union sind, sehen wir uns weniger als Teil und vielmehr als Opfer dieser Gemeinschaft. Von der EU sprechen wir also nicht in der ersten, sondern in der dritten Person. Nicht »wir« bestimmen mit, »die da oben« bestimmen über uns, darüber, welche Farbe unsere Straßenmarkierungen und Hinweisschilder haben müssen und wie stark unsere Gurken und Penisse gebogen sein dürfen. Die EU (sie, 3. Person Singular) verbietet, droht, verordnet und kann uns (wir, 1. Person plural) den Buckel runterrutschen. Dass so manche Verordnung natürlich von Österreichern mit beschlossen wurde, etwa von Gemüsehändlern, die krumme Gurken nicht so gut in rechteckige Kisten schichten können, wird gerne übersehen.

Nationalfeiertag

Der 26. Oktober ist in Österreich Nationalfeiertag. Was genau damit begangen wird, ist den meisten Bewohnern nicht ganz so klar, Hauptsache, er ist arbeitsfrei. Hätten die Österreicher bei der Wahl des Tages ein Mitspracherecht gehabt, so hätten sie sich ein flexibles Datum mit fixem Wochentag ausgesucht, etwa einen Freitag oder einen Montag, für ein verlängertes Wochenende.

Am Nationalfeiertag hängen Staatsfahnen vor den amtlichen Gebäuden, den Schulen, sogar in einigen Privatgärten und aus Wohnungsfenstern. Die Tageszeitungen machen meist mit etwas Österreichbezogenem auf, alles rot-weiß-rot hinterlegt. Abends hält der Bundespräsident im Fernsehen eine Ansprache. Manche Radiostationen machen sich den Ulk, die Bewohner über die Bedeutung dieses wichtigen Tages zu befragen. Und treffen damit immer ins Leere. Zur Belustigung der Hörerschaft, die meist ebenso wenig Ahnung hat. Von »Da wurde Österreich befreit«, »Da hat der heilige Blasius Geburtstag«, über »Da haben wir den Staatsvertrag unterzeichnet«, über »Da hat Blasius den Staatsvertrag unterzeichnet«, bis hin zu »Da haben wir den Zweiten Weltkrieg gewonnen« finden sich immer wieder recht amüsante Zeichen einer gewissen Ignoranz. Manche wissen aus der Schule über die Bedeutung dieses Tages: An einem 26.10., zehn Jahre nach dem Ende des Zweiten Weltkrieges, soll der letzte russische Besatzungssoldat Österreich verlassen haben. Das haben wir uns als Kinder so vorgestellt: Mit weißen Taschentüchern winkend und mit zwei lachenden Augen stehen die Würdenträger des Landes sowie die Hälfte der Bevölkerung an der Grenze und warten, bis ein uniformierter Mann seine Habseligkeiten in einen Rucksack packt, seine Jause in einem Stoffbeutel verstaut, den er mit einem Stock über der Schulter trägt, und sich zu Fuß über die Grenze in Richtung Heimat bewegt. Es dürfte sich wohl etwas weniger märchenhaft abgespielt haben, denn bereits eine Woche zuvor hatten sich die sowjetischen Militärs zurückgezogen, und so mancher britische Nachzügler ist wohl noch ein paar Tage länger geblieben. Die oft als Anlass genannte Staatsvertragsunterzeichnung mit den berühmten Worten »Österreich ist frei!« steht nur indirekt mit dem 26. Oktober in Verbindung. Die fand nämlich im Mai statt. Lediglich der Ablauf der Frist an die Besatzungsmächte, binnen 90 Tagen das Land zu verlassen, fällt in den Herbst.

Der offizielle Anlass klingt hingegen etwas weniger blumig. Der österreichische Nationalrat beschloss an diesem Tag per Verfassungsgesetz die »immerwährende Neutralität«. Kein Tag also, der das Volk zusammenschweißt wie der »Tag der deutschen Einheit«; auch hat niemand mit einem einzigen Schwerthieb das österreichische Volk von einem feuerspeienden Drachen befreit, nein, nicht einmal ein »Österreich ist frei!« konnte man an diesem Tag vernehmen. Dadurch ist das relative Desinteresse am Nationalfeiertag etwas nachvollziehbar.

Das Volk schläft an diesem Tag aus, geht wandern, besucht einer der zahlreichen »Muttertags-Ausflugsrestaurants«, sieht sich die

Feierlichkeiten des Bundesheeres und die traditionelle Angelobung der Grundwehrdiener an oder geht, nationalbewusst, in einem der Nachbarländer einkaufen, da die Geschäfte dort geöffnet haben.

Gelbe Linien und schwarze Tafeln

Österreich liegt auch im Detail. Wahrscheinlich sind es, angesichts der Globalisierung, die kleineren Dinge, die den großen Unterschied ausmachen. Dinge, die man wahrscheinlich gerade deshalb nur so schwer aufgeben kann, weil sie das nationale Bewusstsein repräsentieren. Wahrscheinlich wäre es anderswo eher egal, ob nun durch geänderte Richtlinien eine Bodenmarkierung oder ein Kennzeichen etwas anders aussieht. Doch so sehr manch Meilenstein den Österreicher kaum zu bewegen scheint – beim Thema Straßenverkehr wird das Innerste berührt, da geht es ans Eingemachte. Als im Jahr 1988 die klassischen schwarzen Nummerntafeln mit weißer Aufschrift gegen die weißen EU-Schilder ausgetauscht werden sollten, bildete sich in der Bevölkerung ein vehementer Widerstand, den man sich bei so einigen anderen Themen in der Geschichte des Landes gewünscht hätte. Namhafte Unterstützer, unter ihnen der Maler Friedensreich Hundertwasser, der durch eine etwas kreativere Gestaltung der schwarzen Tafeln versuchte, die Behörden noch umzustimmen, standen an der Spitze einer zahlenmäßig gar nicht so kleinen Interessengemeinschaft, die leidenschaftlich für die Beibehaltung der Hintergrundfarbe Schwarz an Vorder- und Rückseite der Autos eintrat. Ja, es wurden sogar Experten hinzugezogen und Gutachten erstellt, die die (doch recht offensichtliche) bessere Sichtbarkeit einer weißen, reflektierenden Fläche widerlegten und die Verkehrssicherheit der hübschen schwarzen Tafel priesen.

Was war da passiert? Ist das österreichische Selbstbewusstsein derart fragil, dass die Bevölkerung befürchtet, die Identität durch Änderungen von Kleinigkeiten zu verlieren? Dass sie sich auflöst in einem großen europäischen Gebilde? Dass andere Nationen das Land nicht mehr als solches wahrnehmen könnten, weil die Amerikaner sagen würden: »Hey, what happened to this beautiful country with the black license plates?«

Man muss natürlich dazusagen, dass die Diskussionen einem Großteil der Bevölkerung dann auch wiederum ziemlich egal waren. Man hatte zwar eine Meinung, aber gerade mal so viel Meinung, um im Wirtshaus eine Gegenposition zu vertreten und damit die achte Runde Bier zu rechtfertigen. Der Rest, der nicht einmal ein bisschen Meinung zu dem Thema hatte, zog sich auf die neutrale Position »Habt's keine anderen Probleme?« zurück.

Interessant ist es allemal. Denn bei aller Ignoranz gegenüber dem großen Weltgeschehen finden sich immer wieder vordergründige Nebensächlichkeiten, die in ihrer Dramatik wie eine allergische Überreaktion anmuten: die Übermalung der gelben Mittelstreifen durch weiße; die drohende Gefahr, das Nationalgericht »Käsekrainer« nicht mehr so nennen zu dürfen; der Wegfall des geliebten anonymen Sparbuchs; die Chuzpe einer deutschen Firma, sich unser »Griaß di!« patentieren zu lassen. Oberflächliche Details. Aber Details, ohne die die Österreicher fürchten, sich in der Welt aufzulösen.

Das anonyme Sparbuch

Bis vor einigen Jahren gab es in Österreich das sogenannte »anonyme Sparbuch«. Es hatte einen nahezu ebenso hohen Stellenwert wie die Neutralität oder die »gute Luft«. Das Sparbuch trug den Namen »Überbringer«, mit Losungswort kam man an das Geld ran. Die anonymen Sparbücher sollten helfen, Unbefugten, also z. B. dem Finanzminister, keinen Einblick auf das darauf befindliche Kapital zu gewähren. Diese Sparform war einer der Gründe, warum Österreich in einem Atemzug mit Luxemburg oder den Cayman-Islands als »Steuerparadies« genannt wurde.

Obwohl ich nicht davon ausgehe, dass das begehrte Oma-Enkel-Sparbuch durch die Anonymisierung einen besonderen Beitrag zum internationalen Steuerbetrug in großem Stil beigetragen hat, waren es Oma wie auch Enkel, die als Testimonials rekrutiert wurden, um die heilige anonyme Kuh zu schlachten.

Seit der Jahrtausendwende dürfen Sparbücher nicht mehr anonym geführt, seit 2002 auch nicht mehr weitergegeben werden. Terroristen müssen daher eine andere Sparform wählen, um ihre Vorhaben zu finanzieren. Das bedeutet allerdings, dass sie mitunter weniger Zinsen und kein Weltspartagsgeschenk bekommen. Ein Bausparvertrag wäre hier eine gute Option.

Es ist aber davon auszugehen, dass es nach wie vor eine Unzahl solcher anonymen Bücher gibt, die dann im Zuge von Erbschaften ans Tageslicht kommen. Über das genaue Ausmaß des anonym verbuddelten Geldes weiß daher nicht einmal das Finanzministerium Bescheid. Zur Überprüfung des tatsächlichen Bestandes fehlt der gesetzliche Auftrag.

Der Nachteil für den Sparbuchbesitzer: Geht so ein Sparbuch verloren, ist das Geld futsch. Zudem besteht eine Verjährungsfrist von 30 Jahren, nach der das Geld an die Bank fällt. Ein netter Zusatzverdienst, von dem keiner weiß, außer die Banken selber, die natürlich Kenntnis darüber haben, wie viele solcher Bücher im Umlauf sind und jährlich abgeerntet werden können. Aber warum sollen Banken nicht auch ein Geheimnis haben ...

Gast(freundliches)Land

»Gemütlichkeit« und »Gastfreundlichkeit« sind zwei der wichtigsten Tugenden mit Verfassungsrang. Die Gemütlichkeit zeigen wir vor allem Gästen, die zahlen, brav sind und nicht allzu lange verweilen, denn ein Sprichwort besagt in etwa: Gäste sind wie Fische, nach drei Wochen fangen sie zu stinken an. Heißt: Man braucht Fluktuation. Und noch eines ist in Österreich wichtig: die Gäste sollen zum Ortsbild passen.

Tourismus als österreichische Tugend

Ein Tiroler Nobel-Skiort wollte 2007 eine »Russen-Quote« einführen, angesichts der vielen, zwar reichen, aber doch recht wilden Touristen aus dem Osten. Nach internationaler Empörung wurde die Sache als Missverständnis bezeichnet. Immerhin verlängern die zahlungskräftigen Gäste die Hauptsaison, da sie erst Anfang Januar anreisen …

Erlebniswelt

Früher ist man zum Weinbauern des Vertrauens gefahren und hat sich mit gutem, aber günstigem Wein eingedeckt, und wo man schon mal da war, einen gehörigen Rausch angetrunken. Heute fährt man in die Wein-Erlebniswelt. Hier erfährt man dann auch etwas mehr über den Wein, die Inhaltsstoffe, aber auch über den Weinbauern und dessen Inhaltsstoffe. Man lernt, wie man richtig trinkt, wie man das Glas zu schwenken hat, wie man Rot- von Weißwein alleine anhand der Farbe unterscheiden kann und an welchen Orten man sich am besten übergeben kann, wenn der Wein allzu gut geschmeckt hat.

Erlebniswelten gibt es mittlerweile übers ganze Land verteilt. Der heimische Tourismus ist so stolz über die gelungene Wortkreation, dass sie breiten Einsatz findet: Neben der Wein-Erlebniswelt bietet man für die härter gesottenen Kaliber auch eine Whiskey-Erlebniswelt an, es gibt Bier-Erlebniswelten, im Tennengau wurden mehrere Sehenswürdigkeiten zur »Kelten-Erlebniswelt« zusammengefasst, und an vielen Orten des Landes könnte man getrost eine »Kuhdung-Erlebniswelt« etablieren.

Eines hat man in Österreich nicht nur mit der Mutter-, sondern auch mit der Kuhmilch aufgesaugt: Das Gespür, auf die Wünsche der Gäste einzugehen und sich beim Verbiegen nicht weh zu tun.

Für die Gäste nur das Beste
Hotels bieten für Pistenmuffel Pilates-Kurse und Zumba-Workout an und stellen den kontemplativen Touristen, die am liebsten allein unterm Kraftbaum sitzen wollen, Meditations-Instruktoren zur Seite, die mit Übungen in »Power-Meditation« die Entspannung verbessern helfen. Dem Wunsch nach »natürlichen Kraftorten« kommen vor allem Thermenregionen entgegen. Der örtliche Rutengeher pendelt die energetischen Kraftorte aus, die dann gekennzeichnet werden. Mitunter errichtet man, in Gehnähe zum Hotel, einen »uralten keltischen Kraftort«, indem man per LKW einen Fels vom örtlichen Steinbruch auf einen Acker transportiert und mit dem Traktor eine Feng-Shui-Kräuterspirale in den Boden furcht. Den Gästen stehen eingeflogene Shaolin-Mönche, heimische Kräuterfrauen oder singende Benediktinermönche zur Verfügung, die mit ihnen schattenboxen, Pilze sammeln und beten, dass die verspeisten Pilze ungiftig waren.

Mit einem gewissen Unverständnis den eigenartigen Wünschen gegenüber, dafür mit großem Verständnis, aus diesen Wünschen den bestmöglichen finanziellen Nutzen zu schlagen, geben sich die Herbergsbetreiber weltoffen und schaffen den Spagat zwischen urigem Hüttenwirt und kontemplativem Zen-Mönch. Der Gast ist eben König, und wenn lieber in sich selbst als in die Hütte einkehrt, muss man das als Gastronom eben hinnehmen.

Dauergäste

Anfang der 60er-Jahre, als in Österreich alles so schnell wuchs, dass man von einem Wunder sprach, begann man gezielt Gastarbeiter für den österreichischen Arbeitsmarkt zu gewinnen. Die legendäre österreichische Gastfreundschaft wollte man dabei nicht allzu sehr strapazieren, denn die Gäste sollten nach getaner Arbeit wieder gerne nach Hause wollen. So versuchte man, ihnen den Abschied mit vorgespielter Unhöflichkeit etwas zu erleichtern.

Gastarbeiter und Migranten

Zur Zeit des Gastarbeiter-Anwerbeabkommens vor etwa 50 Jahren begann die Zuwanderung türkischer Staatsbürger. Heute leben rund 260 000 Personen mit türkischem Migrationshintergrund in Österreich. Ein Großteil der Anrainer des Brunnenviertels im 16. Wiener Gemeindebezirk stammt aus der Türkei. Die Gegend selbst wurde in den letzten Jahren zu einem überaus beliebten Hotspot für die junge, urbane und schicke Bobo-Gesellschaft. Allerdings meist nur, um das multikulturelle Flair zu spüren, man mag auch das Laute und Offene der Menschen mit den türkischen Wurzeln. Es ist ein bisschen wie Urlaub. Wohnen tun die Bobos jedoch meist ein paar Bezirke weiter. Dort ist es nicht so laut.

Das Zusammenleben läuft nicht ganz so friktionsfrei ab, das ist in Wien nicht viel anders als in anderen Großstädten. Die Freundlichkeit endet spätestens mit den Wahlplakaten der FPÖ, die auch im 16. Bezirk mit »Pummerin statt Muezin« oder »Mehr Mut für unser Wiener Blut« eher wenig Konstruktives zur Völkerverständigung beiträgt. Was die FPÖ nicht weiß: Viele der aus dem damaligen Jugoslawien, aus Ungarn, Polen oder der Türkei stammenden Menschen, die am Bau oder in der Landwirtschaft aushelfen durften, blieben jedoch, allen Unhöflichkeiten zum Trotz. Die mittlerweile zweite und dritte Generation darf heute genauso auf die neuen Einwanderer schimpfen wie die alteingesessenen Österreicher. Die Integration war also geglückt.

Deutsche in Österreich

Die größte Migrantengruppe stellen die Deutschen dar. Sie fallen im Ortsbild nur dann nicht auf, wenn sie sich still verhalten. Als Wirtschaftsflüchtlinge oder unbegleitete jugendliche Einwanderer, die dem unmenschlichen Numerus clausus in ihrem Land entfliehen und einen Studienplatz in Österreich ergattern wollten, strömten sie in den letzten Jahrzehnten aus dem Norden ins Land, nahmen uns die Arbeitsplätze und bildeten Parallelgesellschaften.

Dennoch muss man sagen, dass sie sich redlich bemühen und nach einem – leider noch nicht verpflichtenden – Deutschkurs auch die Begriffe »Sackerl«, »leiwand« oder »schleich di« verstehen, wenn auch nicht korrekt anwenden können. Wer das beliebte Aufnahmeritual, dreimal beim Heurigen »Oachkatzlschwoaf« (»Eichhörnchen-Schwanz«) sagen zu müssen, besteht, darf als Quoten-Piefke dableiben.

Dass wir unseren deutschen Freunden feindselig gegenüberstehen, stimmt so nicht. Natürlich liegt es an der Größe, dass man von Deutschland aus das südliche Land zwar niedlich findet, sich sonst aber nicht allzu viele Gedanken über das seltsame Bergvolk macht. Bezeichnungen wie »Schluchtenkacker« (das mir das dämliche Windows-Rechtschreibprogramm beim Schreiben dieser Zeilen nicht einmal rot unterwellt!) sind doch auch irgendwie liebenswert gemeint, auch wenn man nicht ganz verstehen kann, auf welche Weise.

Umgekehrt strafen die »Ösis« die »Piefkes« mit Liebensentzug. Dies konnte man bei der in der Schweiz und in Österreich ausgetragenen EURO 2006 beobachten. Nach dem Ausscheiden des Gastgeberlandes Österreich stellte man sich nun keineswegs hinter seinen Nachbarn. Im Gegenteil. In den Public-Viewing-Areas sahen sich ein paar Fans aus Deutschland einer Horde von Österreichern gegenüber, die mit Fahnen und Gesichtsbemalung immer jene Mannschaft unterstützten, die gegen Deutschland antrat. Ein wenig undiplomatisch, aber als Revanche für die vielen Ösi-Witze durchaus geeignet.

Die Bayern stellen hier eine Ausnahme dar, sie werden als Verbündete im fremden Land gesehen. Und tatsächlich fühlen sich manche Salzburger den Münchnern mehr verbunden als den Wienern. Auf den Punkt gebracht: Die Deutschen lieben Österreich. Die Österreicher auch!

Angst vor dem Fremden
Wenn man hierzulande Ressentiments gegen Menschen hat, die anders sind, dann weniger aus plumpem Rassismus. Zu sehr ist die österreichische Bevölkerung durchmischt, man weiß über seine polnischen, tschechischen, serbischen, kroatischen, deutschen oder türkischen Wurzeln Bescheid. Vielmehr dürfte es sich um blanken Futterneid handeln.

Im Nationalratswahlkampf warb die FPÖ mit »Österreich zuerst!« und sprach damit die niederen Instinkte der Wähler an: die Angst vor dem Fremden, den Futterneid. Einige Jahre später rief dieselbe Partei bei den Niederösterreichischen Landtagswahlen mit »Niederösterreich zuerst!« auf, die Steirer und Oberösterreicher nicht an den Trog zu lassen. Was man als Hinweis deuten kann, dass gar nicht die Ausländerfeindlichkeit der Stichwortgeber gewesen sein dürfte, sondern der blanke Neid. Es sei denn, die FPÖ begreift alle außerhalb von Niederösterreich als Ausländer.

Die Angst, zu kurz zu kommen, ist im Österreicher tief verwurzelt. Er fürchtet, dass ihm das, was er sich mühsam erarbeitet hat, streitig gemacht wird. Sei es die Position in der Warteschlange, der Parkplatz, der Arbeitsplatz, die Privilegien oder die Tradition. Schlimmer, als etwas nicht zu bekommen, ist es, das Vorhandene zu verlieren. Geschichtlich mag das erklärbar sein, wurde die Nation doch einst vom großen Vielvölkerstaat auf das kleine Österreich zusammengestutzt. Nun ist man darauf erpicht, zumindest das zu erhalten, was davon noch übrig ist.

Wenn etwas über Generationen weitergegeben wird, so möchte keine Generation daran schuld sein, den Karren in den Graben zu fahren und schiebt ihn lieber weiter zur kommenden Generation. »Ein österreichischer Bauer verkauft nichts. Keinen Hof, keinen Grund«, sagte mir mal ein Schweinezüchter – nachdem er sich vorher lange darüber ausgelassen hatte, wie wenig er seinen Beruf mag, dass seine Kinder den Betrieb nicht weiterführen wollen und das Ganze sich sowieso finanziell gar nicht mehr lohne. »Es war immer schon so und es wird immer so sein«, so die weltoffene und zukunftsorientierte Haltung, die hierzulande vorherrscht. Änderungen bedeuten nie etwas Gutes.

Selbst wenn man im Rahmen von Wahlen oft lautstark einfordert, dass es nicht so weitergehen kann, sich jetzt alles ändern muss und »die da oben« einen Denkzettel verdienen, möchte man doch, dass alles so bleibt wie bisher. Denn wo käme man denn sonst hin? Das will man lieber nicht wissen. Die Furcht vor dem Ungewissen gewinnt gegenüber der Unzufriedenheit mit dem Gewissen stets die Oberhand.

Erlebniswelt Flüchtlinge

Die Flüchtlingskrise war Mitte 2015 auch in Österreich für alle fassbar. Die Menschen, die man bislang nur aus dem Fernsehen kannte, wenn sie in Nordafrika und Südeuropa versuchten, über die Grenzen zu gelangen, sah man jetzt im Burgenland und der Steiermark über die Grenze gehen – wohlgemerkt ebenfalls im Fernsehen. Aber irgendwie plötzlich auch so nah. Dieses junge Kapitel der österreichischen Geschichte eignet sich auch, um die Befindlichkeit des Landes ein wenig näher zu betrachten.

Plötzlich waren sie da – hunderttausende Migranten aus Syrien oder Afghanistan, die über Ungarn und Slowenien ins Land drängten, um ... nun ja, um nach Deutschland weiterzuziehen.

Tatsächlich haben wir uns im Gegensatz zu unseren ungarischen Nachbarn sehr human, gastfreundlich, ja geradezu aufopfernd verhalten. Wir konnten stolz sein auf unser kleines Land im Herzen Europas. Es war rührend zu beobachten, wie zahlreiche Österreicher die Menschen mit offenen Armen, Decken, ausrangierten Schuhen und selbstgebackenen Torten empfingen.

Zum einen waren viele froh darüber, dass sie die große Zahl an Menschen im eigenen Land nicht auf Dauer beherbergen musste und so geleitete man sie auch freundlich, aber rasch durch das Land hindurch, zum anderen schien die Volksseele dann aber doch irgendwie beleidigt. Denn wie können die Migranten ein landschaftlich derart schönes, friedliches Land mit einer solch gastfreundlichen und herzlichen Bevölkerung verschmähen? »No, no, we want to go to Germany«, hörte man von den Durchreisenden. Empört motzte man zurück: »Na, dann viel Spaß mit den Marmeladingern!«

Eine große Stunde Österreichs
Die Innenministerin sprach, so eine Kamera anwesend war, persönlich Flüchtlinge an, um ihnen zu vermitteln: »You are safe!«, um später im Fernsehen davon zu berichten, dass die Polizei »Unmenschliches« tut, um den Menschen zu helfen. Wie auch immer das gemeint war. Man konnte kaum die Tränen der Rührung unterdrücken, erinnerte sich an die glorreiche Vergangenheit, als Österreich den flüchtenden Menschen nach dem Ungarnaufstand Asyl gewährte, und blickte in Demut auf Zeiten, in denen Österreicher selbst im Ausland um Schutz gesucht hatten. Doch es wäre nicht Österreich, wenn man nicht nach kurzer Zeit wieder auf den Boden der Realität zurückgeholt worden wäre. Denn nur wenige Wochen später outete sich mehr als ein Drittel der Bevölkerung bei den Landtagswahlen in Oberösterreich und Wien als mehr oder minder »ausländerskeptisch« und gab dem rechten Lager der FPÖ ihre Stimme. In Simmering, einem der größten Bezirke der Bundeshauptstadt, waren es sogar mehr als 40 Prozent. Damit schien das Bild, das man gemeinhin von Österreich hatte, wieder zu-rechtgerückt.

Die Flüchtlinge ließen sich von dieser xenophoben Bekundung nicht sonderlich beeindrucken und strömten weiter ins Land. obwohl wir gezeigt hatten, was die meisten Österreicher von diesem Strömen hielten. Dies sorgte für weiteren Unmut in manchen Teilen der Bevölkerung, denn durch die vorübergehende Wiedereinführung der Kontrollen an der deutsch-österreichischen Grenze mussten nun auch heimische Pendler und Einkaufstouristen Stunden im Stau verbringen. Eine Zumutung für Bürger, die es gewohnt sind, innerhalb der EU Reisefreiheit und damit auch Staufreiheit zu genießen. Und kaum etwas bringt einen Österreicher derart auf die Palme wie die »Zumutung«.

Obwohl Österreich später auch selbst Flüchtlinge aufnahm, bzw. aufnehmen musste, waren die meisten Menschen zu Beginn auf der Durchreise, um ihr Glück in Deutschland zu suchen. Bundespräsident Heinz Fischer bezeichnete Österreich daher auch als »Jausenstation für Flüchtlinge«. Dieser Rolle konnte man, dank der Hilfsorganisationen und vor allem auch der bemerkenswerten Privatinitiativen, die sich über Facebook koordinierten, durchaus gerecht werden.

Dass es diese Zivilgesellschaft in Österreich gibt, diese große Menge an von den heimischen Leserbriefschreibern als »Gutmenschen« bezeichneten Personen, die die große Menschlichkeit vor die kleine Politik stellen, ist nun tatsächlich ein Grund, als Teil dieser 8,5-Millionen-Schicksalsgesellschaft stolz zu sein. Mir fällt kein besserer ein.

Blick auf den großen Bruder

Trotz seines humanen Vorgehens bekam das offizielle Österreich eine Rüge von Deutschland. Man würde die Flüchtlinge in Rekordtempo durch Österreich schleusen, um sie an der deutschen Grenze abzuladen. Die Bild-Zeitung empörte sich darüber, dass die Österreicher angeblich sogar Asylbewerber, trotz Asylantrag im eigenen Land, flugs zum Nachbarn weiterschicken würden. »So tricksen die Österreicher in der Flüchtlingskrise« war zu lesen.

Anfangs noch aktiver Pionier europäischer Herzlichkeit, ließ der österreichische Kanzler Werner Faymann die Grenzen öffnen, um den in Ungarn so unfreundlich behandelten Flüchtlingen die Weiterreise zu ermöglichen. So war rasch klar, dass Österreich bald schon wieder einmal reaktiv handeln und sich so verhalten musste wie der große Bruder im Norden. Denn als Deutschland langsam begann, die Grenzen dichtzumachen, zog auch Österreich nach. Als man in Deutschland über die umstrittenen Zäune nachdachte, überlegte auch Österreich, einen Grenzzaun zu bauen. Ein Alleingang wäre für das kleine Land nur schwer möglich gewesen. Man hat aber nicht einmal darüber nachgedacht.

Zaun ohne Eigenschaften

So biss man in den ungeliebten Apfel und begann wie die Nachbarn, einen Zaun zu errichten. Wobei man selbstverständlich nicht einen gemeinen Zaun im Sinn hatte, wie ihn die Ungarn zuvor gebaut hatten. Österreich ist ja hier bei weitem nicht so barbarisch. Nein, eine österreichische Lösung musste her, also errichte man keinen »Zaun«, sondern eine Art humanitäre bauliche Maßnahme, die zufällig an der Grenze steht. Eine »technische Sperre«, oder auch ein »aus feinem Drahtgeflecht bestehendes, weitgehend durchsichtiges, aufrecht stehendes Gebilde«. Der Bundeskanzler sprach etwa von einer »Tür mit Seitenteilen«. Wieder mal siegt das Ungefähre über das Absolute – und das ist in diesem Fall gar nicht einmal so unsympathisch.

Offiziell klingt das dann so: dass die Umstände die Republik Österreich zwangen, ebenfalls »zaunähnliche Gebilde zur Personensicherheit« zu errichten, um die chaosartigen Zustände an der slowenischen Grenze bei Spielfeld unter Kontrolle zu bringen. Darüber hinaus mussten wir uns noch die Häme des ungarischen Vertreters der konservativen Fidesz-Partei György Schöpflin gefallen lassen, man hätte mit der Errichtung eines Zaunes nun still anerkannt, dass Ungarn das Richtige gemacht hat. »In klassischer österreichischer

Tradition werde man das aber nicht Zaun nennen«, und, so sein süffisanter Kommentar, in Anspielung auf Robert Musils Jahrhundertroman: »Das ist dann ein ›Zaun ohne Eigenschaften‹«. Auch wenn wir mit unseren östlichen Nachbarn ein gemeinsames kulturelles Erbe teilen – ein Zaun gehört nicht dazu! Außerdem wissen wir aus dem österreichischen Allgemeinen Bürgerlichen Gesetzbuch, § 858, dass der Grundeigentümer verpflichtet ist, auf der (von der Straße her gesehen) rechten Seite seines Haupteinganges einen Zaun als Abgrenzung gegenüber den Nachbarn zu errichten. Also sind die Zäune Richtung Süden und Osten, von Wien aus betrachtet, genau genommen gar keine österreichischen Zäune, sondern Grenzen, an denen der Nachbar für die Einfriedung zuständig ist.

Gesellschaft: Bauer schlägt Frau

Nach der oberösterreichischen Landtagswahl 2015 liegt die aktuelle Frauenquote in der Landesregierung bei null Prozent und damit geringfügig niedriger als die geforderte Halbe-Halbe-Aufteilung. Die für die Frauenagenden zuständige Abgeordnete musste ihren Sessel zugunsten des Agrarlandesrates räumen. Als Landeschef Josef Pühringer noch versuchte, das Ergebnis schönzureden, sinngemäß, »[man musste sich] für die Bauern oder die Frauen entscheiden«, goss er nur noch mehr Traktor-Öl in die offenen Wunden der Gleichberechtigung. Der Vorwurf, er würde die befürchtete Islamisierung der Gesellschaft, inklusive Beschneidung der Frauenrechte, bereits vollziehen, wird ihm nicht gerecht. Immerhin war ihm dieses Ergebnis der Kampfabstimmung im ÖVP-Landesparteitag »unangenehm«. Wenigstens war es ihm nicht »angenehm«. Außerdem müsse der Wähler auch politische Entscheidungen respektieren, die nicht immer populär seien. »Es hätte ohnehin einen Aufstand gegeben. Von den Frauen oder von den Bauern.« Da man aus historischen Gründen einen Bauernaufstand fürchtet, heutige Landwirte statt mit Heugabeln und Sensen gar mit Traktoren, Mähdreschern und Rasentrimmern auf die Herrschenden losgehen könnten, war dieses Ergebnis sicher das kleinere Übel. Auch wenn den rund 2,3 Prozent Bauern etwa 50 Prozent Frauen gegenüberstehen. Ganz zu schweigen von den Bäuerinnen, die nun etwas verwirrt sind, ob sie nun aufstehen sollen oder nicht.

Übrigens lohnt sich hier ein Seitenblick auf ein anderes Land: Der frisch angelobte kanadische Premierminister Justin Trudeau antwortete knapp auf die Frage, warum sein Kabinett zu 50 Prozent aus Männern und 50 Prozent aus Frauen besteht: »… weil es 2015 ist!«

Österreich als Drehscheibe, 007 in Österreich

Agenten lieben Österreich. Vielleicht nicht mehr in dem Ausmaß wie zu den goldenen Zeiten des Kalten Krieges, als das kleine neutrale Land am Eisernen Vorhang ein begehrter Umschlagplatz für Spionageinformationen war.

Die ehemalige große Bedeutung dieser Berufssparte kann man heute zwar nicht mehr sehen, dafür aber riechen. Die »Dritte Mann Tour« mit Start am Wiener Karlsplatz gehört zu den beliebtesten Stadtführungen, die Wien anzubieten hat. Hier kann man die Originalschauplätze des gleichnamigen Orson Wells-Films bewundern, der im Wien der Nachkriegszeit angesiedelt ist und die Ost-West-Spionage der alliierten Besatzungsmächte thematisiert. Man kann nicht nur in jene Gefilde vordringen, die schon des Kaisers Wohlbefinden und Erleichterung dienten, sondern mittlerweile auch zu Fuß in stinkende Tiefen. Wer freiwillig in die Scheiße will, den soll man nicht aufhalten.

Die goldenen Spionage-Zeiten mögen vorbei sein, doch laut dem Geheimdienstexperten Siegfried Beer sollen immer noch rund 80 Mitarbeiter der US-Geheimdienste in Österreich aktiv sein. Entweder stimmt diese Zahl nicht oder die Geheimdienste leisten so schlechte Arbeit, dass man genau weiß, wer hier spioniert.

Österreich ist nach wie vor ein Tummelplatz für Agenten aus aller Welt. Sie schätzen die günstige geopolitische Lage und lieben das ruhige Klima. Das spricht gegen das hiesige Sicherheitsnetzwerk und für den österreichischen Tourismus. Denn unser schönes Land hat auch für Agenten etwas zu bieten: eine Menge Casinos, traditionelle Maßschneider zur Herstellung eines Smokings, angesagte Bars und Après-Ski-Iglus, in denen man Martinis schlürfen kann, es gibt Waffenhersteller mit internationalem Ruf wie Steyr, Glock und Hirtenberger und tiefe, naturbelassene Gewässer zum unauffälligen Verschwindenlassen gegnerischer Spitzel. Agent, was willst du mehr?

Österreich von außen

Bevor man ausgeht, kann man in den Spiegel blicken oder einen lieben Menschen bitten, ehrlich zu sagen, ob die Frisur zu weit rechts sitzt, man Mundgeruch hat oder die hübsche weiße Weste hinten einen Fleck aufweist. Damit gewinnt man nicht nur praktische Hilfe für den Alltag. Es kann auch eine erhellende Erfahrung sein, dass man von der Umgebung etwas anders wahrgenommen wird, als man vielleicht beabsichtigt.

Wahrnehmung aus den USA
Meine Cousine Talia Baruch aus San Francisco hat mir Assoziationen geschickt, die man in den USA zu Österreich hat. Die einzige Vorgabe: nicht nachdenken, den ersten Gedanken nennen. Hier die subjektive, aber durchaus repräsentative spontane Auswahl und meine repräsentativen spontanen Bemerkungen:

US-amerikanische Österreich-Assoziationen
(in der Reihenfolge der Nennung)

Arnold Schwarzenegger
(Ja, auf den sind wir stolz, denn es zeigt, wie Österreicher aussehen würden, wenn wir uns ein wenig mehr bewegen und täglich ein paar Hormone einnehmen würden. In Österreich wurde Schwarzenegger stets hofiert und wie eine Lichtgestalt oder eine Kuhflade umschwärmt. Sein Heimatort Thal ernannte ihn zum Ehrenbürger, die Landeshauptstadt Graz überreichte ihm den Ehrenring und benannte die Liebenauer Fußballarena in Arnold-Schwarzenegger-Stadion um. So mancher erstgeborene steirische Sohn soll Arnold getauft worden sein, so manche erstgeborene Tochter Schwarzenegger.

So ganz zufrieden war man mit dem großen Sohn aber nicht. Er rühmte zwar in Übersee bei jeder Gelegenheit den famosen Apfelstrudel seiner Mama über den grünen Klee, mehr Österreich fand aber kaum statt. Zur Amtseinführung als Gouverneur 2003 lud er nicht einmal die steirische Landeshauptfrau Waltraud Klasnik ein.

In Ungnade fiel die »steirische Eiche« ein paar Jahre später, als Schwarzenegger die gute amerikanische Tradition der staatlichen Lynchjustiz fortführte und auch Begnadigungen von Todeskandidaten ablehnte, was traditionell zur »job description« eines Gouverneurs gehörte. Hier erinnerten ihn seine Landsleute aus der Ferne an die christlich-steirischen Werte und an den Umstand, dass man selbst als guter Österreicher die bösen Buben nicht einfach umlegen darf. 2005 wurde das Schwarzenegger-Stadion in UPC-Arena umbenannt. Der erboste Arnie schickte beleidigt seinen Ring zurück und verbot der Stadt, seinen Namen für jegliche Werbezwecke zu verwenden.

Auch wenn man von einigen Seiten um Schadensbegrenzung bemüht war, die links-grüne Regierung für die Unhöflichkeit verantwortlich machte und beteuerte, man habe es nicht so gemeint und auch ein gewisses Verständnis fürs Umbringen postulierte – schließlich gebe es auch in Österreich ein paar Volltrotteln, die man am elektrischen Stuhl grillen möchte –, zeigte die breite Bevölkerung Haltung.

Es passiert nicht oft, aber hier hat das Land seine Überzeugung vor mögliche unangenehme Konsequenzen gestellt. Chapeau!)

Sound of Music
(Ein musikalisches Machwerk, das hierzulande kaum einer kennt. Aber wenn gewünscht, werden wir unsere Gemeinden und Straßen zu Ehren der Trapp-Familie umbenennen, um all jene Touristen zu erreichen, für die Mozart zu alt und Falco zu modern sind.)

Zweiter Weltkrieg
(Nun, das schmerzt, weil in der Assoziationskette noch vor Mozart und Co. Lange Zeit ging Österreichs Geschichte, wie man dem

Ausland verklickern wollte, nahtlos von der Monarchie ins Wirtschaftswunder der 50er- und 60er-Jahre über. Auch wenn man mittlerweile davon abgekommen ist, sich als am Krieg unbeteiligt darzustellen – in der Jugendsprache »Österreich, du Opfa!« –, so möchte man sich die Geschwindigkeit und die Gründlichkeit einer gängigen Vergangenheitsbewältigung zumindest nicht von außen diktieren lassen. Wir sind eh dran!)

Lederhose

(Jetzt sind wir endlich da, wo wir uns hin haben wollen. Beim Brauchtum. Die kniefreie Latzhose scheint Mitte des 18. Jahrhunderts in Tirol, Salzburg und Bayern erstmals auf. Mittlerweile haben auch die Jungen die Kracherne als hip und sogar sehr hip entdeckt, man trägt sie in Wien mittlerweile beim kürzlich etablierten (und von den Münchnern zuvor dreist abgekupferten) Wiesenfest, im Westen auch in der Freizeit, ohne jeweils seltsam angesehen zu werden. Durch die große Nachfrage bekommt man die Tracht nicht nur beim teuren Säckler, sondern mittlerweile auch beim billigen Hofer (Aldi).

Bezüglich der Handhabung des Lendenschurzes galt es früher fast als Sakrileg, das Teil zu reinigen. Eine Lederhose musste stehen. Man mochte die Patina. Jeder Dreck darauf hatte seine Geschichte. Während den urigen Trägern einst völlig egal war, ob das Teil, an dem man sich die Hände abwischte, die Sense wetzte und in dem man zur Not selbige Durft verrichtete, eigentümlich roch oder fleckig war, hat die modische Renaissance mittlerweile metrosexuelle Züge. In Trend- und Outdoormagazinen erfährt der gepflegte Mann von heute, wie man seine Hose mit Bürste und einem rückfettenden Lederwaschmittel sanft behandelt. Damit hat zumindest die Tradition einige Kratzer abbekommen.)

Verschneite Berggipfel

(Solange es auf dieser klimagewandelten Erde noch so etwas wie Schnee gibt, solange soll dieser Schnee auf unseren Gipfeln liegen.

Es ist nicht zuletzt dieses Staubzuckerdekor, das Österreich zum beliebten Tourismusland macht. (Dass man in der Nacht ein wenig nachhelfen muss, um den Schnee, der partout nicht vom Himmel fallen will, aus der Schneekanone auf die Gipfel zu stäuben, muss ja keiner wissen.)

Jodeln

(Es kommt durchaus vor, dass man als Österreicher im fernen Ausland gefragt wird, ob man neben Jodeln auch eine zweite Fremdsprache in der Schule gelernt habe. Dass gerade mal eine Handvoll Österreicher das rasche Umschlagen zwischen Brust- und Kopfstimme beherrscht, spielt da keine Rolle und wir werden diese Tatsache auch nicht in die Welt hinausjodeln.

In vielen gebirgigen Gegenden der Welt gibt es ähnliche Kommunikationsformen, um große Strecken durch einen lauten Juchzer oder einen Almschrei zu überbrücken und den anderen im Clan mitzuteilen: »Ich habe hier ein Reh entdeckt, seid leise, damit es nicht wegläuft!« In Zeiten der modernen Kommunikationstechnologien hat diese Kommunikationsform nur mehr folkloristischen Charakter, abgesehen von einigen lustigen Zeitgenossen, die sich einen Jodler als Handy-Klingelton aussuchen.

Auch die am Berg beheimateten Menschen jodeln eher zum Gaudium der Touristen, wie der Austro-Popper Reinhard Fendrich besingt:

»Und die Sennen hört man jodeln von den Almen froh und hell. Sie sind längst nicht mehr die Dodeln, jeder hat sein Schihotel.«

Und man jodelt, um sich als volkstümlicher Künstler zu offenbaren, wie Andreas Gabalier, der zur Sicherheit zusätzlich noch eine Lederhose anhat und lyrisch ein Frauenbild aus dem 19. Jahrhundert verbreitet, damit es auch wirklich deutlich wird.

Auch in intellektuelleren Kreisen ist Jodeln wieder angesagt. Wenn Hubert von Goisern, dem man nachsagt, die Volksmusik aus dem Ghetto der Edelweiß-Schunkler und tumben Herzbuben herausgeholt und zeitgemäß weiterentwickelt zu haben, für Stimmung sorgt, wippen selbst hartgesottene urbane Traditionsverweigerer verständig mit.)

Mozartkugeln

(Sie sind das fleischgewordene oder, besser gesagt, zuckergewordene Österreich: Kultur trifft auf Fressen. Die Süßspeise aus Pistazie, Marzipan und Nougat wurde nicht, wie fälschlicherweise oft angenommen, von Mozart selbst kreiert, sondern stammt vom Salzburger Konditor Paul Fürst, der sie 1890 dem 100 Jahre zuvor verstorbenen Komponisten widmete.

Da sich das Konfekt großer Beliebtheit erfreute, gibt es auch eine Reihe von Nachahmerprodukten, welche jedoch, nach vielen Rechtsstreitigkeiten, nicht »Original Salzburger Mozartkugeln« heißen dürfen, sondern nur »Echte Salzburger Mozartkugeln«. Auch »Ganz wirklich ungefälscht originalgetreu und echtheitsnah gefertigte Amadeus-Rundheit aus einem Ort, der mit S- beginnt und mit -alzburg aufhört« dürfte vor dem kritischen Auge des Gesetzes bestehen.

Dass die Spezialität im Englischen als »Mozart's Balls« bezeichnet wird, was so viel wie »Mozarts Eier« bedeutet, dürfte den Genuss nicht schmälern.)

Weiße Perücke

(Die im Barock in Mode gekommenen weißen Perücken waren nicht nur modisches Accessoire, sondern dienten auch dem Zweck, den durch die verbreitete Geschlechtskrankheit Syphilis, bzw. den durch deren Quecksilber-Behandlung bedingten Haarausfall zu kaschieren.

Dass man Österreich immer noch mit dieser seltsamen Haartracht in Verbindung bringt, liegt nicht nur an den bekannten Abbildungen von Komponisten wie Mozart, Beethoven oder Haydn. Auch die vielen in der sehenswürdigen Stadtkulisse herumstreifenden Keiler, die unbedarfte Touristen in mehr oder minder qualitativ hochwertige originale Konzerte zerren, in Kombination mit mehr oder minder qualitativ hochwertigem originalen Essen, bedienen sich der Überzeugungskraft original historischer Gewänder und eben jener Perücken. Zum Glück hat Hitler keine weiße Perücke getragen, sonst könnten wir unsere ganze Palette an Souvenirs einstampfen.)

Wiener Schnitzel, Apfelstrudel und Schlag
(Auch wenn immer wieder behauptet wird, die Traditionsspeise wäre von großer Ähnlichkeit mit dem Costoletta alla milanese aus Oberitalien, haben wir uns schon im 19. Jahrhundert das Namensrecht auf »Wiener Schnitzel« gesichert. In Mailand haben sie ohnehin ihre Spaghetti. Auch wenn die aus China stammen.

Östlich des Ketchup-Meridians in Linz meist mit der würzigen Tomatensauce, einer Zitronenscheibe, Petersil-Zweig und Erdäpfelsalat (Kartoffelsalat) serviert, kommt die geplättete Fleischscheibe in den westlichen Landesteilen mit Preiselbeermarmelade auf den Teller.

Das Schnitzel galt in Österreich über Jahrmillionen als das Traditions-Sonntagsessen. Mit den zunehmenden vegetarischen, veganen, glutenfreien Trends kann das panierte Kalbs-, Schweins-, Hühner- oder Putenschnitzel nicht mithalten, sodass es vielerorts sonntags mittlerweile vom Tofu-Eintopf abgelöst wird. Ein wenig schade, aber gesünder. Vor allem für die Tiere.

Außerdem wurde in Österreich die Panier in den Verfassungsrang erhoben. Alles, was nicht auf drei im Wok ist, wird bis zur Unkenntlichkeit in Mehl, Ei und Semmelbrösel gewälzt und in Fett schwimmend bzw. in der Fritteuse herausgebacken: Fleisch, Leber, Leberkäse, Käse, Käseleberkäse, zudem Fisch oder auch Gemüse. Ja, selbst die Panier kann man panieren, um aus der Panade einen Sterz herauszubacken. Man möchte so weit gehen, festzustellen: Man kann im Leben nichts falsch machen, wenn man's nur paniert!)

Und das war's dann schon mit der spontanen Aufzählung jener Begriffe, die einem im sonnigen Kalifornien zu Österreich einfallen. Ist man besonders kulturbeflissen, kennt man natürlich darüber hinaus auch Neujahrskonzerte, die Philharmoniker, die Sängerknaben, Lipizzaner, Klimt oder Schiele. Ist man besonders sportlich, so erwähnt man Lech am Arlberg oder Kitzbühel. Und dem politisch interessierten Kalifornier fallen vielleicht noch Haider und Waldheim ein.

Doch das, was Österreich im 21. Jahrhundert ausmacht – ein Land, das den Sprung in die Moderne an sich schon vollzogen, es aber nur noch nicht mitbekommen hat –, wird im fernen Ausland nicht einmal im Ansatz erkannt.

Toleranzmetropole

Der Life-Ball hat über Jahre zugunsten der Aids-Forschung internationale Gäste nach Österreich gebracht und dem Land ein Image der Toleranz beschert. Auch die bärtige Dame und Eurovision-Songtext-Siegerin Conchita Wurst hat einiges zu diesem Bild beitragen.

Zudem tragen öffentliche Einrichtungen ihren Teil dazu bei, dass Österreich zunehmend als tolerantes Land gilt. Immerhin richtet man den Schwulen- und Lesbenball im Wiener Rathaus aus, die Straßenbahnen werden rund um die alljährliche Regenbogenparade mit Regenbogen-Fähnchen geschmückt und seit dem Song-Contest hat Wien rund 50 Fußgeherampeln, die rote bzw. grüne Ampelpärchen zeigen. Silhouetten von Mann und Frau, Mann und Mann oder Frau und Frau zeigen händchenhaltend mit einem kleinen Herz in der Mitte, ob man gehen darf oder stehenbleiben soll. Viele bleiben neuerdings auch bei grün stehen, um das weltweit mittlerweile unzählige Male auf Facebook geteilte Symbol der Toleranz zu fotografieren. Dass die mancherorts gesichtete Kombination »Mann mit Fahrrad« auf der Ampel ein Symbol der Toleranz für Lebensgemeinschaften mit einem Drahtesel sein soll, wird von der Stadtverwaltung nicht bestätigt. Mittlerweile haben auch andere Städte die Ampelfiguren übernommen, und soweit nicht ein paar konservative Geister die freundliche Idee torpedieren, werden noch einige andere hinzukommen. Wer die Haltung des nach wie vor katholisch geprägten Österreich zur völligen Gleichstellung homosexueller Paare – eingetragene Partnerschaft vs. Status Ehe – kennt, der wird sich nicht wundern, dass unter manchen Ampelpärchen auch die Zusatzinformation »bitte warten« leuchtet.

Wahrnehmung aus Deutschland

Man muss nicht in die Ferne schweifen, um nicht wahrgenommen zu werden. Während uns die Bayern als Nachbarn kennen und dies wahrscheinlich auch in einer Art und Weise, die der Wirklichkeit recht nahe kommt, haben Norddeutsche wohl nicht viel Ahnung davon, was sich im südlichen Nachbarland so alles abspielt. Vielleicht gibt es Assoziationen zu Skipisten, heißem Jagatee und uriger Hüttengaudi, manche kennen das kaiserliche Wien, die originell-pathologische Titelsucht und einige nehmen eventuell das politisch rechte Österreich wahr. Seit Jörg Haider jedoch nicht mehr unter den Lebenden weilt, vielleicht nicht einmal das.

Den Akzent hingegen mag man. Wenn ich bei Kabarettaufführungen in Deutschland unterwegs bin, so kommt man immer wieder auf die Sprache zu sprechen, die manche scheinbar so gerne hören, weil sie so nette positive Urlaubserinnerungen wachruft. Dialekt und Sprachfärbung klingen irgendwie niedlich. Wer so eine Sprache spricht, der kann nicht gefährlich werden. Und auch wenn die sprichwörtliche österreichische Höflichkeit von den Deutschen – in vielen Fällen durchaus nicht unberechtigt – lediglich als Versuch gesehen wird, die Wahrheit zu kaschieren, nimmt man das den Nachbarn nicht sonderlich krumm.

Wenn also bereits 100 Kilometer hinter der Grenze der Glanz Österreichs zu schwächeln beginnt, wie soll man dann weltberühmt werden?

Die Beziehung zum Erznachbarn

Österreich und Deutschland verbindet nicht nur eine mehr oder minder rühmliche gemeinsame Geschichte, sondern auch der Umstand, dass man als direkter Nachbar immer wieder miteinander zu schaffen hat. Man geht gerne mal rüber, borgt sich die Gartenschere oder etwas Zucker aus, geht rasch mal über die Grenze billig tanken, auf Schnäppchenjagd oder Brautschau.

Ein schwieriges gutes Verhältnis

Das Verhältnis zwischen dem kleinen Österreich und seinem großen Bruder ist geprägt durch eine quasi immerwährende Neckerei. Das mag für Österreicher zutreffen, zumal wir ein Faible für das Wort »immerwährend« haben, für die meisten Deutschen erschöpft sich das neckende Verhältnis jedoch in ein paar Ösi-Witzen, die ab und an mal zum Besten gegeben werden. Unser deutscher Import-Kabarettist Dirk Stermann beschreibt die ersten zaghaften Schritte in seine Wahlheimat Österreich: »Ich hatte keine Meinung zu den Österreichern. Aber womit ich nicht gerechnet hatte: Jeder Österreicher hatte eine Meinung zu den Deutschen.« Wie oft spaziert die deutsche Kanzlerin über die österreichischen Bildschirme? Und wie oft darf der österreichische Kanzler mal etwas in ausländischen Fernsehstationen von sich geben? Hätten wir noch einen ansehnlichen Kaiser zu bieten, so wären uns die medialen Auftritte bei RTL sicher. Das »Verhältnis« kommt dann zum Tragen, wenn es zu einem Aufeinandertreffen der beiden Nationen kommt: beim Fußball etwa.

Immer wieder ... Córdoba!

Dass es in Österreich so etwas wie eine Fußballkultur gibt, war vielen deutschen Staatsbürgern lange Zeit unbekannt. Zu tölpelhaft schienen lange die Versuche, im großen Fußball mitspielen zu dürfen. Auf dem Schulhof konnte man sich einen Fixplatz in der Mannschaft sichern, weil man derjenige war, der den Ball dabeihatte. 2006 wollte und konnte sich das damals als »Schweinskicker-Nation« bekannte Österreich einen Fixplatz in der Europameisterschaft sichern – weil es, gemeinsam mit der Schweiz, Gastgeber war.

Dass wir ein Stück nationale Identität aus einem Spiel destillieren, das bereits 1978 stattfand, tut der Identität keinen Abbruch. Im Rahmen der Fußball-WM im argentinischen Córdoba gewannen wir gegen den amtierenden Weltmeister Deutschland mit 3:2. Die Bedeutung dieser Sternstunde nicht nur österreichischer Fußballgeschichte, sondern auch österreichischer Geschichte, ist hierzulande weitaus größer als in Deutschland. Für Österreich ging es 1978 um nichts, da die Mannschaft ohnehin keine Chance mehr auf ein Weiterkommen hatte. Doch dass man die Deutschen aus dem Bewerb kickte, das war nicht nur Genugtuung – es hätte nicht besser kommen können. Der süße Geschmack des Triumphes, beide Mannschaften mussten heimfliegen, schmeckt vielen heute noch. Es bereitet dem Österreicher ein unsägliches Vergnügen, in einem Gespräch mit einem deutschen Fußballfan das absurde Killerargument »Córdoba« einfließen zu lassen.

Dass die Nationalmannschaft im Jahr 2015 rechnerisch auf Platz 10 der FIFA-Weltrangliste rutschte, also noch vor Fußballnationen wie Frankreich oder Italien, hätte man sich kaum vorstellen können. Selbst die Funktionäre zeigten sich überrascht. Die Nachfrage für Fanartikel der Nationalelf war erstmals größer als das Angebot. Darauf war keiner gefasst. Bis dato waren nur wenige daran interessiert, im T-Shirt einer Loser-Mannschaft auf das Amateurfeld zu laufen. Man kann heute nicht einmal mehr Gags über die »Fußballnation Österreich« im Kabarett platzieren, die eigentlich immer ein Garant für Lacher gewesen waren.

Mit Genugtuung vernimmt man in Pressekonferenzen den ehrlichen und nicht nur freundlichen Respekt anderer Trainer vor unserer Mannschaft. Sogar Deutschland zollt den Ösis Anerkennung, immerhin kennt man eine Reihe von Spielern wie David Alaba oder Michael Harnik als Stammspieler in der deutschen Bundesliga. Auch wenn liebe deutsche Freunde immer wieder ungläubig fragen: »Echt, Alaba ist von euch?« Ja, ist er. Ein gestandener gebürtiger Wiener mit breitem Akzent, Mutter von den Philippinen, Vater aus Nigeria. Soweit zur Erklärung, auch für die österreichischen Freunde, die ungläubig fragen »Echt, der Alaba ist von uns?«

Aus dieser selbstbewussten Position heraus muss man sich auch nicht immer über die Niederlagen der Deutschen freuen, wie früher einmal. Man mutmaßt sich schon fast auf Augenhöhe und darf auch den Nachbarn Respekt für ihren ganz passablen Spielstil zollen. Man freut sich mit Schweinsteiger und Müller, da wird, das kann man nun getrost aus einer Expertenposition heraus sagen, qualitativ guter und schön anzusehender Fußball gespielt.

Das Image-Eigentor auf Seiten Deutschlands ließ nicht lange auf sich warten. Denn nach der auch objektiv famos gespielten EM-Qualifikation der Österreicher bezog sich die Bild-Zeitung auf die vielen österreichischen Spieler in Deutschland und titelte: »Bundesliga bringt Ösis zur EM. Wie wär's mal mit einem Dankeschön?« Die Freude über die nächste Fußballniederlage Deutschlands ist hiermit vorprogrammiert.

Ein solcher Erfolg ist natürlich sehr zerbrechlich. Und allen Beteiligten ist bewusst, dass die nationale Liebe nur geliehen ist. Denn ein paar Niederlagen in Serie würden wieder das wissende »Ist ja wieder typisch!« und das typische »Ich hab es ja gewusst!« an die Oberfläche spülen. Dann ist die österreichische Welt, weil sie nicht mehr in Ordnung ist, wieder in Ordnung.

Österreich für Deutsche

Wer sich als Deutscher der Illusion hingibt, sich in Österreich in einem Land zu wähnen, das sich nur wenig vom eigenen unterscheidet, ein »Deutschland light« sozusagen, wird bald eines Besseren belehrt. Nicht weil die Lebenswelten so unterschiedlich sind, keineswegs. Wer die Grenze zwischen Bayern und Österreich überquert, wird wohl kaum einen kulturellen Schock erleiden. Man wird auf Menschen treffen, die man genauso auf beiden Seiten der Grenze antreffen könnte, man wird in den Märkten auf annähernd dieselben Lebensmittel stoßen.

Anders beim Betrachten der erstbesten Speisekarte: der hungrige Deutsche wähnt sich in einem ganz schön fremden Land. Denn kaum eine Speise heißt so wie daheim in Hamburg oder Köln. Nicht einmal die international als Wiener bezeichneten Würste heißen hier so, sondern werden – obwohl aus Wien stammend – als Frankfurter bezeichnet.

Der echte kulturelle Schock kommt dann, wenn man die Schwelle vom Touristen zum Einwanderer überschreitet. Wenn man es zu tun bekommt mit Behörden, mit Ämtern, mit Geschäftsgebräuchen und gesellschaftlichen Gepflogenheiten. Vielleicht schockiert viele Auswärtige die Kultur auch nur deswegen so, weil man diese Unterschiede nicht vermuten würde. Wäre Österreich ein Volk, das sich offensichtlich in Sprache, Aussehen, Religion und Bekleidung unterscheidet, wären die deutschsprachigen Immigranten auf den Schock vorbereitet. Doch der Schock kommt unvermutet und in kleinen Dosen.

Hilfreiche Tipps
Wenn deutsche Fachkräfte nach Österreich geschickt werden, werden sie entweder ins kalte Wasser gestoßen oder, wie es so schön heißt, »gebrieft«! Wenn man mit den Ösis zu tun hat, sollte man, so

das Ziel des Briefings, einige Dinge beachten, die bitte auswendig gelernt werden sollten:

Du sollst österreichische Geschäftspartner mit Titel ansprechen
Du sollst Witze machen und eine lockere Gesprächsatmosphäre schaffen
Du sollst österreichische Geschäftspartner mit Titel ansprechen
Du darfst dich nicht festlegen
Du darfst nicht glauben, dass sich Dein Gesprächspartner festlegt
Du sollst österreichische Geschäftspartner mit Titel ansprechen

Brav notiert der designierte Lebensabschnitts-Immigrant die Regeln zum Umgang mit Österreichern. Und scheitert daran, die Regeln umzusetzen. Denn auch wenn man das mit den Titeln begriffen hat, das bewusste Bemühen um einen lockeren Umgang ist von vornherein zum Scheitern verurteilt. Dazu kommt, dass gerade jene Österreicher, die von sich behaupten, einen gewaltigen »Schmäh« an den Tag zu legen und die »Lockerheit« eines taiwanesischen Notebookscharniers zu besitzen, trotz vordergründigen Charmes hintergründig staubtrockene Erbsenzähler sind.

Es ist ein ganz normaler Vorgang, wenn in der Bundeshauptstadt ein Geschäft in einem der zahlreichen Cafés abgewickelt wird. Man vermischt schließlich gerne das Angenehme mit dem Nützlichen (so die offizielle Version), und man kann durch die gemütliche Atmosphäre einen unbedarften Geschäftspartner etwas weiter über die kleinen Kaffeehaustische, oder noch besser: die glatt polierten Heurigentische ziehen (so der Business-Plan).

Die österreichische Seele

Dass Sigmund Freud Wiener war (geboren in Mähren, kam er mit vier Jahren in die kaiserliche Hauptstadt) ist weder Freud noch Wien anzulasten. Aber zufällig scheinen sich die beiden auch nicht über den Weg gelaufen zu sein. In Wien konnte der Begründer der Psychoanalyse aus dem Vollen schöpfen. Die Wiener hingegen konnten sich maßlos über ihn aufregen. So war beiden bestens gedient.

Österreich auf der Couch

Die Entwicklung und Entdeckung des triebhaften, jedoch unterdrückten »Es« scheint in Österreich nicht schwergefallen zu sein. Die lange Periode staatlicher Zensur unter Metternich in der ersten Hälfte des 19. Jahrhunderts dürfte dazu beigetragen haben, Meinungen und Gefühle nicht gleich hinauszuposaunen. Die nächste Generation hatte dies bereits als genetisches Programm mit der Muttermilch aufgesogen. Man agierte ebenso doppelbödig, wusste aber eigentlich nicht mehr, warum.

Soweit meine küchenpsychologischen Erklärungsversuche, die auch die Existenz des gestrengen Über-Ich (im Grunde die verinnerlichte Autorität) plausibel machen. Und damit vielleicht auch die große Autoritätshörigkeit, die es in Österreich nach wie vor gibt. Den Spagat zwischen einem freundlichen »Wunderbar, Chef, so eine fantastische Idee, dass ich das alles nochmal von vorne machen muss« und einem in den Bart genuschelten »Hupf im Gatsch, du Vollorsch!« hat man hierzulande perfektioniert.

Dass das Ich, also die Identität zwischen diesen beiden Polen, selbst für seinen Besitzer nicht mehr identifizierbar ist, er gar nicht so recht weiß, wer er in seinem Inneren eigentlich ist, ist nachvollziehbar.

Minderwertig im Land

Werden Menschen anderer Nationen zu Österreich befragt, so wird man das Wort »Minderwertigkeitskomplex« zumindest nicht in den Top-5 der zugeschriebenen Volks-Eigenschaften finden. Der Österreicher gilt als kulturbeflissen, freundlich, charmant und auch selbstbewusst. Möglicherweise gilt er auch als politisch Rechter, so sich der Befragte für Politik interessiert, vielleicht auch als eher unbedeutend auf der Weltbühne, dies sei aber nicht böse gemeint, sondern ob der Größe des Landes schlichtweg nachvollziehbar.

Dennoch schwingt immer ein nationales Gefühl der Minderwertigkeit mit. So ein Gefühl trägt man natürlich nicht nach außen, das geht keinen etwas an, schon gar nicht die Nachbarn, dieses Gefühl steckt tief verborgen im Inneren. Bei jeder Beteiligung unseres Landes am internationalen Geschehen betont man hierzulande stets, mit welcher Selbstverständlichkeit unser Land »im Konzert der Großen« mitspielen kann!

Das Gefühl der Minderwertigkeit ist interessanterweise gepaart mit seinem Konterpart, dem Gefühl des Größenwahns. Denn wird eine aus Österreich stammende Sache tatsächlich am Radar der Weltöffentlichkeit erkannt, hat man es der Welt nicht nur gezeigt, sondern man fixiert die Blicke der Welt endlich und verdientermaßen auf Österreich. Wir sind Weltmeister der Musik – nein, wir haben die Musik erfunden, ohne uns gäbe es gar keine Musik auf der Welt, keine Konzerthäuser, keinen Walzer, kein MTV. Und wir haben den Wintersport in unseren Bergen entdeckt. Kein Mensch würde Ski fahren, rodeln oder Schnee schaufeln, hätte es nicht diese österreichische Erfolgsgeschichte gegeben, die weltweit ihresgleichen sucht.

Seelenverwandtschaft

Ein Land, das sich über so lange Zeit geweigert hat, zur Vergangenheitsbewältigung in Psychotherapie zu gehen, ein Land, das erst nach langem Drängen der Staatengemeinschaft eine knappe Stunde dafür übrig hat und dann die Stirn, sich als geheilt zu bezeichnen – dass genau dieses Land als Wiege der modernen Psychologie gilt, ist kurios. Oder konnten gerade erst auf diesem Nährboden der Verdrängung die Ideen von Sigmund Freud, Alfred Adler oder auch Viktor Frankl gedeihen?

Die Österreicher selbst haben zwar meist keine Ahnung, wer Freud, Adler oder Frankl waren, weil wir ja vor allem eine Skination sind, doch das steht auf einem anderen Blatt. Ich würde aber behaupten, dass die Welt eher Kenntnis von den psychotherapeutischen Ideen hat als vom Einkehrschwung.

Österreich blickt voller Zuversicht in die Vergangenheit

Österreich ist nicht mehr das, was es einmal war. Für meine Generation ist es kaum vorstellbar, dass wir in früheren Zeiten an der Adria einen direkten Meerzugang hatten. Der Erste Weltkrieg brachte nicht nur das Ende der Monarchie, sondern auch das Ende des Meerzugangs mit sich. Was uns nicht daran hinderte, bis ins Jahr 2006 noch eine Marine aufrechtzuerhalten. Wenn auch nur auf der Donau. Aus dem Großreich Österreich-Ungarn wurde das kleine Land Österreich und seine Bürger brauchten lange Zeit einen Reisepass, um billige Salami oder ein paar günstige Zähne zu erstehen.

1918 wurde die Republik »Deutschösterreich« ausgerufen, 1919 die Republik »Österreich«. Mit dem Friedensvertrag von St. Germain wurden die Grenzen festgelegt. Der Vielvölkerstaat wurde von fast 700 000 auf etwa 80 000 Quadratkilometer, die Bevölkerung damit von 50 auf sieben Millionen Menschen zurechtgestutzt. Der französische Premierminister Georges Clemenceau soll damals gesagt haben: »Der Rest ist Österreich.« Wie ein solcher Kleinstaat überleben sollte, ohne Industrie, ohne ausreichend Rohstoffe, mit dem Verbot, sich an Deutschland anzuschließen, und vor allem ohne einen starken Mann, der sagt, wo es langgeht, konnten die meisten Bürger der Ersten Republik nicht erkennen.

Bis heute verklärt man die gute alte Zeit, man bestätigt sich gerne und oft, wie gut es eigentlich in der Monarchie war. Lieber alles so lassen als alles verlieren.

Stolz und Ambivalenz

Viel, viel später, eigentlich erst mit Staatsvertrag und Wirtschaftsaufschwung, begannen die Österreicher, stolz auf ihr Land zu sein. Man eigenlobte seinen Fleiß, immerhin sei man wie der Phönix aus der Asche bzw. wie der liebe Augustin aus der Pestgrube gestiegen. Da der liebe Augustin dabei voll alkoholisiert war, passt er besser. Ja, man eigenlobte auch seine Mentalität, die Gemütlichkeit und das typisch österreichische Temperament. Den Österreichern wird ja nachgesagt, Italiener zu sein, die Deutsche werden wollten, aber in den Alpen hängengeblieben sind. Unsere Mentalität dürfte tatsächlich irgendwo dazwischen liegen. Zumindest glauben wir, italienisches Temperament und deutsche Sorgfalt in uns zu vereinen. Manchmal ist es aber auch andersherum. Ein bisschen hiervon, ein bisschen davon. Und das wirkt sich auch in der gängigen Praxis aus, alle Dinge »ein bisschen« zu tun.

Stolz auf das Land und seine Leute

Die meisten Österreicher hören auf die Namen Gruber, Huber oder Wagner, die Kinder werden gerne Anna, Hannah, Sophie, Tobias, Lukas oder Maximilian genannt. Auf die Kinder sind wir natürlich stolz. In den Alpen findet man bei Männern mittleren und höheren Alters vor allem den Namen Friedl. Die ursprüngliche Langform des Namens ist vielgestaltig: Friedrich, Friedolin, Erfried, Hans oder Jennifer. Es kann also sein, dass ein ganzes Dorf voll von Friedls ist. Und auch darauf sind wir stolz.

Die Österreicher erachten ihre Heimat durchaus als attraktiv. Während sich für manchen Wiener unter seinen persönlichen »100 Places to Visit Before You Die« neunzig Kaffeehäuser befinden, ist ein Tiroler schon mit seinem Hausberg zufrieden und kennt Wien nur aus den Nachrichten. Viele sind auch hierauf stolz, denn wer braucht schon eine Hauptstadt?

Stolz sind wir auch auf die heimischen Produkte. Sie gelten im Land selbst als qualitativ hochwertig, wenngleich auch als schweineteuer. Und natürlich greift man als anständiger Patriot zu diesen regionalen Produkten. Es sei denn, im Regal daneben befindet sich ein überregionales Produkt, das billiger ist. Da endet der Nationalstolz.

Was vielen Bewohnern an Österreich gefällt – und so präsentiert sich das Land ja auch international –, sind die drei großen »S«: Schönheit, Sauberkeit und Sicherheit. Zumindest eines dieser Kriterien muss erfüllt sein. Die Berge zum Beispiel sind nicht sicher (Lawinen, Halbschuhtouristen), aber schön und man kann sie zumindest ab und an abwaschen.

Neuerdings hat man entdeckt, dass auch mit Toleranz Geld zu machen ist. Hier ist man in einem Zwiespalt, denn einerseits möchte man in einem traditionell katholischen Umfeld nichts von der unsauberen Vielfalt sexueller Spielarten wissen, man verweist auf die Bibel ... und aus dem Lokal. Andererseits kann man Events, wie den Life-Ball touristisch so wunderbar vermarkten. So sorgen die unkonventionellen zahlungskräftigen Gäste dafür, dass man die konventionellen Traditionen weiter pflegen kann. So weit, so ambivalent.

Im Großen und Ganzen weiß der Österreicher bei allem Raunzen das eigene Land zu schätzen. Zwar ist anderswo alles besser, wo genau aber dieses Anderswo liegt, weiß keiner so recht und so bleiben die meisten auch hier.

Fremd- und Selbstschämen

Wenn ein Österreicher sagt: »Das ist wieder typisch österreichisch«, so ist das selten ein Lob. Ein wenig genieren wir uns sogar für den internationalen Penis-Vergleich im Ranking um das tollste Land der Erde. Ob PISA-Studie, bei der es gar nicht so sehr darum geht, absolut gut zu sein, sondern vor allem besser als die Deutschen; oder ob bei Politikerbesuchen im Ausland, wo sich die Österreicher gerne und ausgiebig für den Abgesandten fremdschämen, egal.

Sich nach außen zu blamieren scheint tatsächlich das wesentliche Merkmal zu sein, das sich quer durchs Land und seine Bevölkerung zieht. Man ist auf das Bild bedacht, das andere von uns haben. Deshalb auch die hübschen Blumenkisten am Balkon. Oder die aus den EU-Subventionstöpfen so nett renovierten Häuserfassaden. Oder die aus den Töpfen der Bräunungsmittelindustrie so nett renovierten Gesichter der Skilehrer. Wahren wir also den Schein, ein tanzendes Volk zu sein, und posaunen wir nicht allzu laut hinaus, dass a) hierzulande gar kein Kaiser mehr herrscht, der in einem hübschen Schloss wohnt, b) die alpine Skipiste bei weitem nicht so natürlich ist, wie sie aussieht, und c) auch der alpine Skilehrer nicht so natürlich ist, wie er aussieht.

Die Kombination aus echter Qualität und echtem Schein macht Österreich und damit auch uns Österreicher international beliebt. Auch findet unser kleines Land immer wieder internationale Erwähnung und Beachtung. In einigen Disziplinen sind wir sogar Weltmeister. So kann uns beim »Komasaufen« kaum einer das Wasser reichen. Beziehungsweise den Schnaps.

Natürlich wird die internationale Beachtung im Land selbst meist massiv überschätzt. Zum Beispiel kehrte der Außenminister mit einem aus der New York Times ausgeschnittenen Bild in den Händen zurück, auf dem er zwar abgelichtet ist, aber eben nur schräg links hinter dem US-Präsidenten hervorlugt.

Es mag auf der einen Seite bedauerlich sein, wenn heimische Errungenschaften und Ideen international nicht die verdiente Anerkennung bekommen. Auf der anderen Seite ist es beruhigend, dass die heimischen Irrungen und Wirrungen, die Kellerbesitzer und die politischen Misanthropen rasch wieder in Vergessenheit geraten und Österreich nur mehr nach Schnee riecht und nach Walzer klingt.

Zwischen »Schau ma mal« und »Passt schon!«

Das Erste, was Menschen auffällt, wenn sie Österreich nicht nur als Tourist besuchen, sondern plötzlich in soziale Interaktion mit den Einwohnern treten, ist die gewisse Unverbindlichkeit.

Ein Ja ist zwar ein Ja, ein Nein ein Nein, aber nicht ganz so unumstößlich wie anderswo. Denn man kann ja »über alles reden!«

Ein Nein ist kein Nein

Das ist zum einen beruhigend, denn die gleiche Tür, die einem gerade vor der Nase zugeschlagen wurde, kann kurz darauf wieder einen Spalt offen stehen. International wird wiederum von der Hartnäckigkeit mancher Österreicher berichtet, die es im Ausland zu etwas bringen, weil sie auch endgültig zugeschlagene Türen nicht akzeptieren – schlicht und ergreifend, weil sie sie nicht als solche erkennen. Über Hintertürchen, Seiteneingänge oder durch Beharrlichkeit lässt sich, so der erfahrene Österreicher, immer was erreichen.

Die Kehrseite der Medaille wiederum ist, dass man zum einen mit Menschen zurechtkommen muss, die trotz mehrfacher Ablehnung immer wieder versuchen, die Ablehnung zu hinterfragen, und intervenieren, als gäbe es kein Morgen.

Ein Ja ist kein Ja

Doch auch ein Ja muss nicht unbedingt ein Ja sein. Denn so unverbindlich eine Ablehnung, so biegsam kann auch eine Zusage sein. Und damit muss man als Geschäftspartner erst mal zurechtkommen, wenn nämlich die Zusager beginnen, die Zusage zu hinterfragen, sie auf eine schlechte Tagesverfassung des Zugesagten zurückführen, sie rückgängig machen und bestreiten, je irgendetwas zugesagt zu haben, da man dazu auch gar nicht autorisiert sei. Als gäbe es kein Morgen.

Insofern werben viele Betriebe in Österreich auch mit der »Handschlagqualität«, die man von ihnen erwarten kann. Viele Landsleute rühmen sich, diese beliebte Qualität zu besitzen: Bauern, Handwerker oder Politiker (natürlich hier nicht geordnet nach sinkender Glaubwürdigkeit, sondern in alphabetischer Reihenfolge). Dennoch schwindet das Vertrauen in den Handschlag und man pocht auf eine Vereinbarung, in der der Handschlag auch schriftlich festgehalten wird.

Besonders schwierig verhält es sich mit jenen Formulierungen, die von vornherein weder als »Ja« noch als »Nein« einzuordnen sind. Dazu gehören die zwei beliebten Redewendungen »Schau ma mal!« und »Passt schon!« Wie heißt es so schön: Die Wahrheit liegt in der Mitte. Und dort fühlen wir uns am wohlsten.

Selbstdarstellung

Wenn es darum geht, das »typische Österreich« medial darzustellen, kann man zwei Wege beschreiten. Zum einen den selbstironischen. Mit lakonischer Stimme erklärt ein Sprecher, was den Alpenländer ausmacht, im Hintergrund läuft atmosphärische Volksmusik im Dreivierteltakt, während die Kamera langsam über eine Heerschar von Gartenzwergen schwenkt. So präsentiert man sich, wenn man selbst als intellektuell wahrgenommen werden will und keinesfalls als Teil der Inszenierung.

Auf der anderen Seite gibt es eine Form der Präsentation des typischen Österreich, das fernab jeglicher Ironie für Ironie sorgt, da es die Volksmusik und die Heerscharen von Gartenzwergen ernst nimmt. Hier wird Wert auf Brauchtum und Tradition gelegt, und wenn sich ein älterer Herr, den man in der Schweiz als Alp-Öhi besetzen würde, durch die Hütten und Stuben des Landes isst und trinkt und die Zuseher mit einem »Grüß Gott beinand!« willkommen heißt, dann ist die hügelige Welt zwischen Boden- und Neusiedlersee in Ordnung. Tatsächlich ist der 1930 in Südtirol geborene ehemalige Hüttenwirt Sepp Forcher ein nicht mehr wegzudenkender Teil österreichischer Identität.

Auch wenn manchen die erzkonservative Darstellung eines Landes, das dem Dargestellten bereits um Jahrzehnte voraus ist, zuwider ist: das Bild des weißbärtigen Mannes mit dem Filzhut über der Glatze, wie er über die Almen spaziert und »ins Land einschaut«, hat etwas sehr Friedliches und Beschauliches. Ich möchte sogar so weit gehen – auch im Bewusstsein, mir Feinde in den eigenen Reihen zu machen –, dass es der Welt an einigen Sepp Forchers fehlt, und dass so mancher Krisengipfel mit einem sanften »Grüß Gott, beinand!« ein gütigeres Antlitz bekommen würde.

Österreichische Werte

Nach der Vorstellung des jüngsten Integrationsministers der Welt sollen die Immigranten fortan nicht nur Deutsch lernen, sondern auch Nachhilfe in Sachen Ethik bekommen. Es geht darum, unsere »Grundwerte, Umgangswerte und Verhaltenskodizes« zu vermitteln. Doch was genau sind diese typischen Werte? In einer Straßenbefragung, die im ORF-Kulturmontag ausgestrahlt wurde, wurden genannt: »Das gute Essen«, »Apfelstrudel«, »Bier«, »Wiener Schnitzel«. Kritiker sehen hier den Versuch, Integration mit Assimilation gleichzusetzen. Es reiche, wenn die Menschenrechte eingehalten würden. Da müssen nicht auch noch österreichische Menschenrechte wie das Recht auf Wurschtigkeit, Raunzerei und Watschentanz vermittelt werden.

So soll die österreichische Sicht auf Gleichberechtigung von Mann und Frau und die Akzeptanz homosexueller und lesbischer Beziehungen erklärt werden, wobei es mancherorts fraglich ist, wer hier von wem lernen kann. Die Werte, die die Flüchtlinge selbst vermitteln – Solidarität, Zusammenhalt, Familienzusammengehörigkeit, weg von der Vereinzelung – die wären auch g'standenen Österreichern einen kleinen Kurs wert.

Als immaterielles österreichisches Kulturerbe kann jedoch getrost das »Raunzen«, zu Deutsch das »Meckern« angesehen werden. Wie von professionellen Klageweibern wird jede noch so kleine Änderung des Bestehenden von einem Raunz-Konzert begleitet: »Wie soll das gehen?«, »Was bringt (sich) das?«, »Da könnt ja jeder kommen«. Auf der anderen Seite wird auch die Unveränderlichkeit des Bestehenden beklagt:»Des is typisch«,»Des is vertrottelt« oder auch »Des is voll vertrottelt!«

Auch bei der Betrachtung des Weltgeschehens aus dem Land heraus wird bewertet, wie ferne Ereignisse wohl in Österreich abgelaufen wären. Man fragt sich, ob man es besser gemacht hätte oder es an der Unfähigkeit der Landsleute an sich und der Bürokratie im Speziellen gescheitert wäre, auf jeden Fall hat man es aber immer schon gewusst, dass etwas funktioniert oder eben nicht.

Man muss zusehen, dass man zumindest mit den anderen gleichzieht. Die Österreicher können mehr mit Vergleichen anfangen als mit Eigenständigkeiten. Aber der Vergleichswert ist schließlich auch ein Wert.

Opfer!

»In Wien musst' erst sterben, damit sie dich hochleben lassen. Aber dann lebst' lang.« (Helmut Qualtinger)

Lebendige gehen den Österreichern ganz rasch mal auf die Nerven. Vor allem dann, wenn sie in irgendeiner Form »Opfer« sind. Denn sich in den Vordergrund zu spielen, selbst wenn man dies selber gar nicht beabsichtigt, gehört sich nicht.

Opferbegriff

Geschichtlich hat man ein zwiespältiges Verhältnis zum Begriff »Opfer«. Immerhin waren wir – so man uns das noch glauben möchte – erstes Opfer des Zweiten Weltkrieges. Das wird jedoch mittlerweile auch im Land nicht mehr ganz so gesehen. Obwohl wir es quasi schriftlich haben.

In den Status als erstes »Opfer« Hitlers und nicht als Mittäter sind wir nicht einfach so hineingekippt. Das war schon ein hartes Stück Arbeit nach dem Zweiten Weltkrieg. Ergebnis kluger Verhandlungstaktik, die dazu geführt hat, dass man letztlich auch zu keinen Reparationszahlungen verpflichtet wurde. Der damalige Außenminister Leopold Fiegl, dem man nachgesagt hatte, die alliierten Verhandlungspartner unter den Tisch gesoffen zu haben, ließ die sogenannte Verantwortlichkeitsklausel aus dem Staatsvertrag streichen, die die österreichische Verantwortung am Nationalsozialismus und am Zweiten Weltkrieg beinhaltete.

In den Nachkriegsjahren hat sich Österreich durchaus geschickt aus Verantwortung und Schuld gewunden, was natürlich legitim ist. Dass man aber noch Jahrzehnte danach dieses Geschick mit echter Unschuld verwechselte, ist nicht mehr so legitim.

Gleich nach dem Zweiten Weltkrieg versuchte man, seine Rolle als Kriegsopfer zu zementieren und als Wiedergutmachung bei den Besatzungsmächten recht freundlich um das kleine deutsche Eck oder Südtirol zu bitten. Eine derartige, nicht nur aus heutiger Sicht dreiste Idee wurde von den Alliierten wenig überraschend abgeschmettert, man empfahl, sich zu schämen und erst einmal den Dreck, der sich in den Kriegsjahren dort angesammelt hatte, vom eigenen Stecken zu putzen. Breiten wir lieber den Mantel des Schweigens über diese peinliche Episode und benützen wir, mit freundlicher kostenpflichtiger Genehmigung unserer Lieblingsnachbarn, die deutschen Straßen zum Abkürzen.

Und da man in Österreich nur so schlecht mit dem eigenen Opferbegriff zurechtkommt, hat man auch Schwierigkeiten mit anderen, die sich als Opfer bezeichnen. Ein paar Beispiele gefällig?

Keller-Opfer

Als sich das Entführungsopfer Natascha Kampusch 2006 aus ihrer jahrelangen Gefangenschaft befreien konnte, war die Begeisterung in Österreich groß. Ein Albtraum war gut ausgegangen, als die junge Frau nach acht Jahren frei, und ihr Peiniger ums Leben kam. Fast wie im Märchen. Als Kampusch zunächst von der Öffentlichkeit abgeschirmt wurde, kritisierte man die Psychiater, schließlich hatte diese Öffentlichkeit ein Recht darauf, sich selbst ein Bild machen zu können, denn wofür zahlt man Rundfunkgebühren.

Nachdem man bekommen hatte, was man wollte, man sich ein ausgiebiges Bild machen konnte, begann das Pendel in die andere Richtung zu schlagen. Die Öffentlichkeit hatte sich sattgesehen und fragte sich, ob man die teuren Rundfunkgebühren zahlte, nur um die junge Frau in der Öffentlichkeit sehen zu müssen. Man war rasch genervt, begann, ihre Glaubwürdigkeit zu hinterfragen und unterstellte ihr Mediengeilheit und Profilierungssucht. Schließlich wolle sie nur Profit aus ihrer Situation schlagen, da könne ja jeder kommen, sich entführen lassen und dann im Fernsehen auftreten. Der Fall Kampusch mag zwar einzigartig sein, der speziell österreichische Umgang damit hat System.

Rehäuglein-Opfer

2007 erhielt die Diskussion um die österreichische Asylpolitik mit der jungen Kosovarin Arigona Zogaj ein Gesicht. Jahre zuvor war das Mädchen mit ihrer Familie aus dem Kosovo geflohen, hatte mittlerweile ihr halbes Leben in Österreich verbracht, besuchte die Schule im oberösterreichischen Frankenburg, war ein ganz normaler Teenager und eigentlich ein Musterfall gelungener Integration. Doch es kann selbst der integrierteste Flüchtling nicht in Frieden leben, wenn es den bösen Einwanderungsbehörden nicht gefällt und sie das humane Bleiberecht verweigern.

Entgegen dem Wunsch der Gemeinde wurde die Familie von der Polizei abgeholt und abgeschoben. Die 15-Jährige tauchte daraufhin unter, die Mutter durfte bleiben, um nach ihr zu suchen, Vater Devat und die vier Geschwister wurden in den Kosovo gebracht. Arigona drohte mit Selbstmord, wenn ihre Familie nicht wieder nach Österreich kommen könnte. Die Oberösterreichische Landesregierung appellierte an den für die Abschiebung verantwortlichen Innenminister Günther Platter, den Fall Zogaj wieder aufzunehmen.

Es gab spontane Solidaritätsbekundungen, Arigonas Mitschülerinnen und Mitschüler sammelten Unterschriften und marschierten mit Transparenten auf. All das berührte Herrn und Frau Österreicher aus den unterschiedlichsten politischen Lagern, man hat schließlich einen Sinn für Familie, und ein junges hübsches Mädchen ist auch keine Asylantin im engeren Sinn, sondern eigentlich schon fast eine »Hiesige«. Hier, ja hier, in einem solchen Härtefall, müsse man eine Ausnahme machen.

Nach einigen Tagen war die Euphorie bereits wieder etwas abgeklungen. Das Mädchen hatte in einer Pfarre in Vöcklabruck Unterschlupf gefunden, der Fall wurde an den Verfassungsgerichtshof weitergeleitet. Das Mitleid machte plötzlich der Missgunst Platz – man sprach davon, dass die Republik sich von einem Teenager nicht erpressen lassen dürfe, dass sich die Familie einfach wichtigmachen wollte, anstatt sich unauffällig abschieben zu lassen, wie es das Gesetz vorsieht.

Man war zusehends genervt, da könne ja jeder kommen, sich abschieben lassen, und dann im Fernsehen auftreten.

Die nunmehrige Innenministerin Maria Fekter setzte der Unschlüssigkeit der Behörden ein Ende: »Ich habe nach den Gesetzen vorzugehen, egal ob mich Rehleinaugen aus dem Fernseher anstarren oder nicht.«

2010 erklärte der Verfassungsgerichtshof die Ausweisung für rechts- und menschenrechtskonform. Der Asylgerichtshof schoss nach: Die Ausweisung der 18-Jährigen sei »dringend geboten, nicht zuletzt auch auf Grund der außergewöhnlichen Publizitätswirkung« des Falles Zogaj.

Am Heldenplatz demonstrierte man gegen die Abschiebung, viele Künstler protestierten gegen das unmenschliche Asylrecht, etwa der Schriftsteller Thomas Glavinic: »Ich wundere mich darüber, dass ein Land, das die schlimmsten Verbrechen der Menschheitsgeschichte mitzuverantworten hat, sich eine Innenministerin leistet, die eine von Ausländerfeindlichkeit geprägte Politik vertritt und im Fall Arigona ein überdies wirtschaftlich unsinniges Exempel statuieren will.«

Ich nehme an, alle meinen es gut mit Österreich. Auch die Innenministerinnen. Es sieht nur nicht immer danach aus. »Die Menschlichkeit einer Gesellschaft zeigt sich nicht zuletzt daran, wie sie mit den schwächsten Mitgliedern umgeht«, sagte Helmut Kohl Ende des vorigen Jahrtausends. Zugegeben, diese Worte richtete er damals an den Verband von Kriegs- und Wehrdienstopfern, Behinderte und Rentner, und nicht an Menschen, die noch keine Mitglieder im Club sind, sondern auf der Warteliste stehen. Diese Warteliste wird wohl in den nächsten Jahren deutlich anwachsen. Auf der anderen Seite handelt es sich in Österreich, wie in den meisten europäischen Staaten, um einen Rentnerclub, der durch den natürlichen Abgang innert der nächsten Jahrzehnte mit einem dramatischen Mitgliederschwund zu rechnen hat. Ein paar mehr neue Mitglieder, die die Vereinskasse mit ihren Mitgliedsbeiträgen füllen, täten hier nicht schlecht.

Bühnen-Opfer

Ein ähnliches Schicksal, wenn auch weitaus weniger dramatisch, obwohl es sich um eine Drama-Queen handelt, musste die Künstlerin Conchita Wurst über sich ergehen lassen. Der Sänger Tom Neuwirth verkörpert die singende Dame mit Bart in Personalunion und brachte Österreich zum zweiten Mal nach Udo Jürgens den Sieg beim Eurovision Song Contest nach Hause.

Neben dem Wechselbad der Gefühle gab es auch ein Wechselbad der Zuneigung: anfangs harsche Kritik, wie man nur auf die Idee kommen könnte, eine »Tunte« als österreichisches Aushängeschild zu einem internationalen Bewerb zu schicken. Und plötzlich war man in der Rolle eines Vorreiters. Also so fast. Man war Vorreiter gleich nach Dana International, die den Eurovision Song Contest 1998 gewann.

Dann unsäglicher Jubel, dass »wir« es wieder mal der Welt gezeigt haben, dass wir nicht nur unsagbar musikalisch, sondern auch unendlich weltoffen sind. Wieder dieser kurze Moment des Glücksgefühls eines großen, aktiven, kreativen Landes. Kurz genießen, es geht schon wieder bergab! Nach wenigen Tagen wieder das altbekannte Reaktionsmuster. Österreich bestehe schließlich nicht aus bärtigen Damen und sei sicher keine Schwulen- und Lesbenhochburg, nein, wir haben auch anständige Musik, wir haben die Salzburger Festspiele und die Hofreitschule und nicht zuletzt auch den wunderbaren Wirtschaftsstandort Österreich. Der kann nicht nur mit ausreichend ebenen Grundstücken im Flachland punkten, sondern auch mit unsagbarer Gemütlichkeit und der Möglichkeit, Geschäfte bei einem guten Glas Wein zu besiegeln. Und für so ein Bild war Frau Wurst kein gutes Testimonial.

Ja klar, man will natürlich auch vermitteln, dass Österreich völlig unaufgeregt neuen Beziehungs- und Daseinsformen gegenübersteht. Ganz egal, ob es sich um homo,- bi- oder heterosexuelle Paare handelt oder um trans,- inter,- oder metrosexuelle Einzelpersonen. Vor allem aber auch, weil schwule und lesbische Paare gerne und oft verreisen, meist kinderlos und damit nicht unvermögend sind. Dafür wiederum ist Frau Wurst ein wunderbares Testimonial.

Wäre Conchita nur eine Künstlerin, so hätte man ihr auch zugestanden, was bei Künstlern zur job description gehört: nämlich medial präsent zu sein, das Gesicht in die Kameras zu halten, durch kleine Skandale und pikante Affären die Leser der Klatschspalten bei Laune zu halten und auf drei Hochzeiten gleichzeitig mit dem Arsch zu wackeln.

Oder sie wäre nur einer der vielen »Publikumslieblinge«, die deswegen so beliebt sind, weil man sich mit ihnen, harmlose Unterhalter, jederzeit in der Öffentlichkeit blicken lassen kann.

Oder sie wäre einfach nur ein Lipizzaner.

Doch sie trat auch an als eine Ikone der weltweiten Schwulenbewegung, pochte auf Gleichberechtigung und Toleranz, und obwohl man mit Conchita hier eine durchaus selbstbewusste Mann-Frau zu Gesicht bekam, hörte, wer es hören wollte, immer die Opferthematik heraus. Wie schwer es sei, in Österreich anders sein zu dürfen, und wie intolerant diese Gesellschaft. Dabei sind in Österreich schwule Personen sogar wahlberechtigt. Vermutlich.

Das Publikum war also zusehends genervt, da könne ja jeder kommen, sich eine Perücke aufsetzen und dann im Fernsehen auftreten.

Bescheidenheit sei eine Zier, und gerade Menschen, die in irgendeiner Form als Opfer gesehen werden könnten, sollten sich nicht wichtigmachen, ob sie nun Natascha, Arigona oder Conchita heißen.

Insel der Seligen

»Jetzt ist schon wieder was passiert!«, heißt es in den Brenner-Krimis des österreichischen Autors Wolf Haas. Ein hierzulande geflügelter Satz, der eine Mischung aus Betroffenheit, freudigem Schaudern und Neugier ausdrückt.

Bei uns kann so was nicht passieren

Nachdem klargestellt ist, dass keine unmittelbare Gefahr droht, wenn »wieder mal was passiert ist«, wird diese beruhigende Erkenntnis auch ganz schnell mit Fakten abgesichert, die klar darlegen, dass »so etwas bei uns nicht passieren kann!« »Bei uns« heißt »in unserer Stadt«, »in unserer Straße«, »auf unserem Lawinenhang«, »in unserem Keller«, »in unserem Land«.

Wenn irgendwo in der Welt ein Hochgeschwindigkeitszug entgleist, versichern die Österreichischen Bundesbahnen, dass eine derartige Entgleisung auf den heimischen Gleisen nicht passieren kann, da diese durch die gute Alpenluft ein völlig anderes Materialverhalten aufweisen.

Auch in der Medizin gibt es immer wieder Dinge, die es bei uns so nicht geben kann. Nachdem weltweit Frauen in den Wechseljahren in den Jungbrunnen der Hormone getunkt wurden, gab es im Jahr 2001 weltweites Entsetzen über die Women's Health Study, die darlegte, dass Frauen mit einer langjährigen Hormonersatztherapie mit Östrogen vermehrt Brustkrebs entwickeln würden. Nach kurzer Schockstarre in der lokalen Medical Community beruhigte man, dass so etwas eigentlich nur in den USA, nicht jedoch bei uns passieren könnte, da man diese Behandlung immer schon sehr kritisch hinterfragt habe – ganz im Gegensatz zu den Amerikanern, die ja generell bekannt dafür sind, nicht so kritisch zu hinterfragen. Nun, das mag für die Patientinnen beruhigend gewesen sein, stimmt jedoch nicht so ganz mit den Erfahrungen überein, die ich in den Jahren zuvor als Medizinjournalist gemacht habe. Denn da gab man sich vielerorts diesbezüglich mit Stolz sehr amerikanisch.

Als im November 2015 die Welt fassungslos und betroffen in eine Schockstarre verfiel, als bei Terroranschlägen in Paris 130 Menschen ums Leben kamen, war man natürlich auch in Österreich beunruhigt. Bis man beteuerte, dass Österreich kein »primäres Terrorziel« sei, zum einen ob seiner weltpolitisch eher unbedeutenden Stellung, zum anderen, weil wir eigentlich immer nett zu allen sind. Der Status der Neutralität untersagt, dass sich Österreich in kriegerische Konflikte einmischt. Kein einziger heimischer Eurofighter kam im Nahen Osten zum Einsatz.

Die bedeutende weltpolitische Stellung wurde einige Tage nach den Anschlägen dennoch von der größten österreichischen Tageszeitung auf einer Doppelseite ans Tageslicht getitelt: »Wien als Drehscheibe für die IS-Terrorbande«. Tatsächlich könnte einer der Attentäter durch Österreich gereist sein und in Wien Urlaub gemacht haben. Daraus folgerte man, dass Österreich nicht nur »Rückzugs-, sondern auch Rekrutierungsgebiet« des IS wäre. Auch wenn das wieder einmal – wohl nicht ganz zu Recht – den Eindruck erweckt, ohne unser Land als Drehscheibe der Welt laufe gar nichts. Man kann zumindest auf die touristischen Qualitäten stolz sein. Das schöne Österreich bietet eben für jeden Geschmack etwas, für Bürger aus US und IS.

Ungefährlicher neutraler Ort

Aus dieser Position heraus konnten wir uns es sogar leisten, der Welt zu zeigen, was wir am besten können: gute Gastgeber zu sein und die Probleme bei einem guten Gläschen Wein etwas vergessen zu lassen. Auch wenn ein IS-Tourist gar keinen Wein trinkt.

So stellte Wien in jenen Tagen öfter den neutralen Boden, auf dem sich die internationale Allianz gegen den Terror treffen konnte. Außenminister zahlreicher Nationen verhandelten – bemerkenswerterweise unter Ausschluss der betroffenen Regierung sowie Opposition – auf dem »Syrien-Gipfel« die Zukunft Syriens im luxuriösen Neorenaissancebau des Hotel Imperial auf der Wiener Ringstraße. Wenn schon Krisensitzung, dann bitte mit Stil und der unvergleichlichen österreichischen Gastfreundschaft. Die Einladung, anschließend noch gemeinsam zum Heurigen zu gehen, wurde, in Anbetracht der angespannten politischen Lage, höflich abgelehnt, man wolle lieber nüchtern verhandeln.

Dass Vertreter dutzender internationaler Fernsehstationen am Tag nach dem Massaker in Paris vor dem Imperial positioniert waren, um über die Ergebnisse der Verhandlungen zu berichten, flankiert von zahlreichen Einsatz- und Sicherheitskräften, zeigte wieder einmal die Bedeutung des kleinen Landes. Der am Wochenende eher verschlafene erste Bezirk war plötzlich mitten drin im weltpolitischen Geschehen, zumindest aus der Perspektive des ersten Bezirks.

Wieder blickte die Welt auf das kleine Österreich. International sprach man in dieser Zeit natürlich eher von Paris, und wenn der Syrien-Gipfel Erwähnung fand, wurde der Gastgeber höflicherweise kurz erwähnt. Als die Einblendung »Vienna« im Insert auf CNN zu sehen war und von heimischen Politikern mit dem Smartphone vom Fernsehbildschirm abfotografiert auf Facebook mit dem Kommentar »Wir sind Welt!« geteilt wurde, rückte Österreich nicht weiter ins Zentrum der Weltöffentlichkeit. In den USA gibt es, nebenbei bemerkt, mehr als 20 Stück »Vienna«. Die Tourismusbranche jedenfalls bejubelte den Werbewert der Bilder vom Krisengipfel im schönen, imperialen Ambiente nicht zu laut, das wäre pietätlos, und man weiß ja auch, was sich gehört. Man kann jedoch davon ausgehen, dass während der Ausstrahlung bereits der Zuwachs in den nächstjährigen Übernachtungszahlen berechnet wurde.

Die Bewohner der temporären Welthauptstadt schienen indes eine gute Einschätzung der Rolle Österreichs in der internationalen Krise gehabt zu haben und fühlten sich trotz Gipfel nicht sonderlich gefährdet. Vor dem Hotel Imperial fand sich neben wartenden Reportern und ein paar demonstrierenden Aktivisten eine bunte Runde Schaulustiger ein, die das Spektakel seelenruhig beobachtete. Dazwischen bewegte sich betulich der Samstagsverkehr auf der nicht gesperrten Ringstraße, vor dem Hotel etwas zäher, da die PKW-Insassen vielleicht eine Person erblicken könnten, die man sonst nur vom Fernsehschirm kannte. Auch die Bim rollte ganz nach Fahrplan unbeeindruckt 10 Meter am Gebäude vorbei, so als ob kein internationaler Krisengipfel, sondern der »Ball der Fleischermeistersöhne und -töchter« stattfinden würde.

Ein beschauliches Szenario. Und das Bild von Österreich als »Insel der Seligen« wurde wieder einmal aufs Neue bestätigt.

Verhaltensoriginelle Reaktionen

Jeder reagiert wohl gekränkt, wenn das kritisiert wird, was einem lieb und teuer ist. Da ist Österreich natürlich nicht anders. Bemerkenswert hingegen ist, um was genau es sich dabei handeln kann.

Finger weg von unserer Wurst

2015 ist die WHO in einer Metaanalyse zahlreicher Studien zu dem Schluss gekommen, Fleisch und Wurstprodukte seien doch nicht so gesund wie bisher angenommen. Tatsächlich konnte niemand erahnen, dass der Salat unter den Speckwürfeln gesünder sein soll als die Speckwürfel selbst.

Doch wer nun behauptet, der regelmäßige Verzehr von Wurstprodukten führe zu Krebs, greift nicht nur die heimische Wurst an, sondern gleich die gesamte Wurstnation Österreich.

Jahrzehntelang haben sich die Österreicher Schinkenröllchen, Leberaufstrich und Schweinsstelze schmecken lassen, sich sonntags vom Wienerschnitzel ernährt und das Grillhuhn zum Wappentier gewählt. Immer im guten Glauben, sie täten ihrem Körper damit etwas Gutes! Immerhin pflanzte die Werbung Sprüche wie »Fleisch bringt's« oder »Schaut der Arzt mal weg, greife schnell zum Speck« in unsere Gehirne. Wir dachten, wir würden stark und klug und schaufelten das Zeug in uns rein, um nicht so schwach und dämlich zu werden wie ein Mensch, der sich nur von Karotten und Leinsamen ernährt.

Auf die anfängliche Phase der Panik, in der viele Österreicher die zweite Leberkässemmel zur Sicherheit nur zur Hälfte aufaßen, folgte die Empörung: Darf uns denn jede dahergelaufene WHO unsere landwirtschaftlichen Qualitätsprodukte madig machen? Nicht nur, dass die EU vorschreibt, wie gebogen die Knackwurst zu sein hat – sollen wir jetzt etwa ganz darauf verzichten? Der heimische Boulevard rief zum Protestschlemmen auf, ja, es wurde sogar überlegt, Herrn und Frau WHO die Einreisegenehmigung zu verweigern. Im gleichen Atemzug könnte man auch die neuen Grenzzäune testen, die man in diesen Tagen gerade baute.

Wie hätte das offizielle Österreich nun reagieren können? Nun, vielleicht ernsthaft diskutieren über die Themen Überfluss, Ernährung, Lebensmittelsicherheit, Massentierhaltung oder die Bedeutung von Studien. Vielleicht wäre man dann zu der Erkenntnis gekommen, was die WHO mit der Veröffentlichung der Studie eigentlich sagen wollte: »Futtert nicht alles in euch rein, das bekommt euch möglicherweise nicht.« Hätte man tun können. Man kann, und konnte, aber auch anders.

Das offizielle Österreich reagierte reflektorisch mit heftigem offiziellem Protest. Landwirtschaftsminister Andrä Rupprechter antwortete dem Zeitgeist entsprechend auf Facebook, wo er offiziell postete, die »WHO-Krebswarnung bei Fleisch und Wurst sei eine Farce!«, es wäre »hanebüchener Unsinn, der die Menschen verunsichert«, um der Weltgesundheitsorganisation wissenschaftlich fundiert entgegenzuhalten: »Für mich ist klar: Österreichs Wurst ist und bleibt bedenkenlos die beste!« Und wenn nicht einmal der offizielle Landwirtschaftsminister Bedenken hat, kann man sich seine Wurst auch weiterhin schmecken lassen.

Im offiziellen Parlament wurde zur offiziellen »Schinken-, Speck- und Wurstjause« geladen. Tatsächlich konnte in diesem Experiment gezeigt werden, dass der Verzehr einer Wurstplatte durch Nationalratsabgeordnete auch in den Tagen danach zu keiner erhöhten Erkrankungsrate geführt hat. Womit wieder einmal bewiesen wäre: All die bösen Dinge, die über Wurstwaren gesagt werden, mögen ja stimmen, treffen jedoch keinesfalls auf die österreichischen Wurstwaren zu.

Endgültig bestätigt wurde diese These durch eine Umfrage, die vom AMA-Gütesiegel erhoben wurde, wonach über 70 Prozent der Österreicher Fleisch für ein gesundes Nahrungsmittel halten. Da kann nicht mal die WHO etwas dagegenhalten.

Hätte die WHO übrigens spitzgekriegt, dass wir hierzulande auch Apfelstrudel und Kaiserschmarrn in uns reinfuttern, hätte sie wohl gleich eine entsprechende Metaanalyse nachgeschoben. Glauben Sie mir: Dieses Ergebnis wollen wir erst gar nicht wissen.

Im Qualm, da gibt's ka Sünd!
Apropos Verordnungen von der E-»die-da-oben«-U. Als man in Österreich dem weltweiten Trend »Nichtraucherland« folgen wollte, protestierten selbstverständlich Interessensverbände. Rauchen im

Lokal gehöre zur Gemütlichkeit (als typisch österreichische Eigenschaft), ein Verbot gefährde demnach die Existenz der Cafés (als typisch österreichische Institution) sowie der Tabakwarenhandlungen (als typisch österreichische Treffpunkte der Jugendlichen). Als Killerargument wurde wieder einmal der Wirtschaftsstandort Österreich herangezogen. Und der Umstand, dass man uns wieder mal was wegnehmen wolle.

Die Politik kam nicht umhin zu handeln und das ehemalige Raucherparadies Österreich wurde demontiert. Da man niemand vor den Kopf stoßen wollte, sagte man den Wirtsleuten zu, es gebe Übergangsfristen, in denen man z. B. rauchfreie Tische kennzeichnen oder einfach ein hübsches Billy-Regal zwischen aktiv und passiv rauchenden Gästen errichten könne.

Nachdem die Wirte die Regale zusammengeschraubt hatten, beschloss man, dass man sich geirrt habe, dass nun doch abgeschlossene Räume vonnöten seien, dass es von der Größe des Gastraumes und von der Qualität der Speisen abhänge, ob geraucht werden dürfe oder ob auch Rauchschinken aus den Speisekarten verbannt werden müssten.

Nachdem die Wirte die abgeschlossenen Räume in die Räume gezogen hatten, beschloss man, dass sich in diesen Räumen sehr wohl Gäste, aufgrund des Arbeitsrechtsrechtes jedoch kein Personal aufhalten dürfe. Es macht in einem Wirtshaus allerdings recht wenig Sinn, wenn man die Gäste nicht mehr bewirten darf.

Obwohl es die Wirte selbst waren, die sich anfangs vehement gegen das Rauchverbot ausgesprochen hatten, forderten viele nun von der Politik, endlich die nötigen Eier zu besitzen, um ein endgültiges Rauchverbot zu beschließen. Derart abgesichert beschloss der Staat Österreich mutig, die Zigaretten aus der Gastronomie zu verbannen.

2018 soll das generelle Rauchverbot in der Gastronomie endgültig durchgesetzt werden. Dann gibt es auch keine Ausnahmen und Sonderregelungen mehr. Ausgenommen sind Betriebe, für die es

Sonderregelungen gibt. In Hotels darf ein Raucherraum für die Gäste eingerichtet werden, allerdings ohne Service. Speisen und Getränke dürfen nicht einmal vom Gast dorthin mitgenommen werden. Dies wird dazu führen, dass die Menschen in Zukunft dort nicht mehr geheim rauchen, sondern geheim essen werden.

Friedliches Volk

Österreich ist genügsam. Man möchte nicht mutig zu neuen Taten schreiten, solange es die alten Taten noch tun. Man möchte sich auch nicht die Finger verbrennen oder die Weltherrschaft übernehmen. Vom Kämpfen hat man genug. Immerwährend.

Nix wegnehmen!

Einzig, wenn wir das Gefühl haben, jemand möchte uns wegnehmen, was wir uns über Jahrzehnte geschaffen haben – den Nikolo, die Phrase »Griaß di«, den Arbeitsplatz, die Käsekrainer, das Kruzifix im Klassenzimmer, das Raucherstüberl oder das anonyme Sparbuch –, dann wird er die geballte Ladung alpenländischen Grolls zu spüren bekommen. Dann verwandelt sich der gemütliche Österreicher in einen ungemütlichen Zeitgenossen.

Bis er davon überzeugt wird, dass es anderswo auch keinen anonymen Nikolo oder ein Kruzifix im Raucherstüberl gibt. Aus der Reihe tanzen und unangenehm auffallen will man schließlich auch nicht. Das würde nämlich wiederum das Gefühl der immerwährenden Sicherheit und Schuldlosigkeit untergraben. Denn schuld, so denkt der Österreicher, kann nur sein, wer auch Verantwortung für sein Handeln übernimmt.

Österreicher zu sein bedeutet also immer einen Drahtseilakt zwischen sturem Bewahren und angepasster Modernisierung. Aus diesem Konflikt, irgendwie sein Ding durchzuziehen, aber dennoch gefallen zu wollen, entsteht das ignorante »Wurscht-Gefühl«, bei dem man auf jeden Fall gewinnt, ganz egal, wie es ausgeht.

Harmloses Volk

Dass wir die Weltherrschaft nicht anstreben, ist nachvollziehbar. Das wäre schon rein verwaltungstechnisch nicht zu bewerkstelligen. Denn wenn schon das derzeitige Staatsgebiet über neun unabhängig voneinander arbeitende Verwaltungsapparate verfügt, müsste man weltweit wohl abertausende Bundesländer mit abertausenden Landeshauptleuten schaffen. Viel zu mühsam.

Man möchte auch nicht Weltpolizist werden. Dass sich die USA überall dort einmischen, wo es ölig riecht, ist für uns nicht nachahmenswert. Verantwortung zu übernehmen ist nicht das unsere. Schon gar nicht Verantwortung für andere. Zu gut wissen wir, dass man damit nur auf die »Gosch'n fallen kann«. Außerdem wollen wir mit allen gute Wirtschaftsbeziehungen führen. Schlägt man sich klar auf eine Seite, so kauft einem die andere Seite den bereits bestellten Grünen Veltliner nicht mehr ab.

Mut zum Stillstand

Der US-amerikanische Historiker William M. Johnson, der sich mit der österreichischen Seele beschäftigt, stellt mir und meinen Landsleuten ein durchaus freundliches Zeugnis aus. Wir seien versöhnlich, vermittelnd, ja sogar tolerant. Das hört man gerne und es widerlegt auch das, was man hierzulande so ungern vom österreichischen Psychiater Erwin Ringel hören wollte. Nämlich, dass die heimische Erziehung ein neurotisches, geknechtetes Volk hervorbringe, das sich weigerte, sich mit sich selbst auseinanderzusetzen. Ein Unsinn, über den wir nicht länger nachdenken wollen!

Schad- und klaglos halten

Der nette Herr aus Amerika scheint uns da besser zu verstehen. Er erkennt an, dass wir auch das wollen: verstanden werden. Werde er zu einem Vortrag nach Österreich eingeladen, so möchten die Veranstalter immer auch eine Gesprächsrunde, berichtet er erstaunt.

Vermutlich mag der Österreicher zwar zuhören, immer aber auch den eigenen Standpunkt darlegen. Der Drang, sich zu erklären und zu rechtfertigen, scheint ein wichtiger Bestandteil der hiesigen Kultur zu sein. Wer ihm nachgeht, kann die Dinge so stehen lassen, wie sie sind. Jedwede Erklärung oder Rechtfertigung zielt darauf ab, sich schad- und klaglos zu halten, in welchem Bereich auch immer. Das scheint System zu haben. Schuld sind die Umstände, die anderen, die anderen Umstände, aber doch niemals man selbst. Damit man gar nicht erst in Gefahr kommt, in diese Art anderer Umstände zu gelangen, weicht man den potentiellen Konflikten aus und wartet ab, was die anderen so machen. »Lernen am Modell« ist hierzulande weitaus beliebter als »Lernen durch Ausprobieren«. Das hat zur Folge, dass Österreicher zwar sehr intelligent abkupfern können, ja auch in der Lage sind, gute Ideen noch zu verbessern, von den eigenen Ideen jedoch nicht sonderlich viel halten.

Mutlos zu neuen Taten
Wer in Österreich Erfolg haben möchte, tut gut daran, sich eine internationale Bestätigung ausstellen zu lassen, dass das Projekt anderswo bereits erfolgreich durchgeführt wird. Dann steht der Vermarktung als österreichische Innovation nichts mehr im Weg.

Der große Vorteil dieser Vorgehensweise: Funktioniert die Sache, heißt es, der Initiator habe den Zeitgeist erfasst. Funktioniert die Sache nicht, so kann er seinen Geldgebern entgegnen, schuld seien die Österreicher, die zu dämlich sind, das Projekt zu begreifen. Oder zu unreif für eine Sache, die das Ausland erwiesenermaßen bereits für gut befunden hat. Hätte man hingegen die eigene Idee in den Sand gesetzt, müsste man den Misserfolg gänzlich auf die eigene Kappe nehmen. Und damit kann man hierzulande nur schwer umgehen.

Wenn ein Politiker eine unkonventionelle Idee hat, fragt die Presse im Namen der Leserschaft, ob es schon internationale Vorbilder oder erfolgreiche Modellprojekte dazu gebe, die diese unkonventionelle Idee untermauern könnten. Vor der Verwirklichung der unkonventionellen Idee bekommt man noch ein aufmunterndes »Das wird nicht funktionieren!« mit auf den Weg. In der Realisierungsphase ein freundliches »Das wird nie was!« und als abschließendes Lob ein »Wir haben es ja gesagt!« Sollte wider Erwarten die Idee plötzlich international Anerkennung finden, moduliert man einfach die Satzmelodie nach Dur: »Wir haben es ja gesagt!«

In der österreichischen Kritikrangliste ganz weit oben: die Mutlosigkeit in diesem Land. Kaum jemand wirft den Österreichern vor, auf der faulen Haut zu liegen. Das entspräche auch nicht dem Klischee, das man von dem mutmaßlich fleißigen Volk im Herzen Europas hat. Auch im Inland werden die Landsleute eher als fleißige Handwerker denn als faule Säcke gesehen. Wirft man den Politikern Faulheit vor, so meint man weniger das tatsächliche Dolcefarniente auf der Strandliege am Dach des Ministeriums. Es geht vielmehr um die Untätigkeit, im Sinne des Weiterdurchwurschtelns. Nach dem Motto »Alles bleibt besser« soll sich zwar möglichst wenig ändern, aber dann doch so aussehen, als ob kein Stein mehr auf dem anderen bliebe.

Angst vor der eigenen Courage

Manchmal ist Österreich, wenn es plötzlich als Flüchtlingsland oder gar als Vorzeigenation der Lesben- und Schwulenbewegung gesehen wird, von der eigenen Weltoffenheit derart erschrocken, dass es ganz rasch wieder in xenophobe und erzkonservative Verhaltensmuster flüchtet. Dann hilft es, sich dämliche Slogans wie »Daham statt Islam« zuzuprosten. Nur die Aussicht auf (immerwährende) touristische Vermarktbarkeit scheint in der Lage zu sein, dem Schreck ein wenig den Schrecken zu nehmen.

Schade. Es sind gerade die couragierten Blitzlichter der Weltoffenheit und Toleranz, bei der Österreich aus Reflex einfach handelt und sich nicht pausenlos umsieht, ob das Handeln von den anderen auch bemerkt wird.

Das neue Österreich

Österreich hat sich in den letzten Jahrzehnten enorm weiterentwickelt, auch wenn die restliche Welt davon kaum Notiz nahm.

In der eigenen Geschichte hängen geblieben

Tatsächlich könnte man in jedem einzelnen Lebensbereich, jeder gesellschaftspolitischen Nische beeindruckende Veränderungen beobachten. Die letzten Informationen, die ins Ausland gedrungen sind, stammen meist noch aus der Monarchie. Man definiert Österreich über die Vergangenheit, einfach weil noch keine sichtbaren Updates durchgeführt worden sind.

Es ist in etwa so, als würden wir die heutige USA als Hort wilder Schießereien in Saloons, von Cowboys und Indianern sehen. Gut, so daneben ist das nicht – nur wurden die Schießereien mittlerweile auf Schulen und Kindergärten ausgeweitet, die Cowboys haben die Massentierhaltung entdeckt und die Indianer weisen unter allen ethnischen Minderheiten die höchste Arbeitslosen- und Alkoholismusrate auf. Doch man weiß, dass in den USA von 2016 nicht mehr die Postkutschen, sondern der SUV das Hauptverkehrsmittel ist, dass der 44. Präsident schwarz ist und die letzte bedeutende Erfindung nicht der Blitzableiter, sondern das iPhone ist.

Man weiß auch, dass England zwar eine Queen hat, aber nicht benutzt, kennt den dortigen Premierminister oder die neuesten Gadgets von James Bond, und man bekommt mit, dass Frankreich mittlerweile ganz andere Probleme hat, als in einem Weingarten Streichkäse auf Baguettes zu schmieren.

Österreich hingegen ist, was sein in die Welt getragenes Bild betrifft, in seiner Geschichte hängen geblieben. Das ist schade, denn bei allen Verbesserungsmöglichkeiten kann Österreich stolz darauf sein, eines der sozialsten, friedlichsten und eigentlich auch tolerantesten Länder der Erde zu sein, wenn man dies hierzulande nur glauben wollte. Das muss zwischen all dem Raunzen auch mal gesagt werden. Würde man dieses Land wahrnehmen, so könnte man sich sicher ein paar Dinge abschauen.

Am Präsentierteller

Wenn sich Österreich im Rahmen von Messen und Ausstellungen präsentiert und das werbewirksame Bild nach außen trägt, so gibt man sich gerne traditionell.

Das darf man uns natürlich nicht krumm nehmen. Jedes Land präsentiert sich etwas traditioneller, als es in der Wirklichkeit ist. Ungarn wirbt mit Folkloretanz, nicht mit der Errichtung schmiedeeiserner Zäune; der Iran mit Bildern aus Tausendundeiner Nacht statt mit Fotos einer Urananreicherungsanlage. Russland wirbt nicht mit den neuesten Errungenschaften in den Gefängniszellen für Oppositionspolitiker, sondern mit einem Spezialensemble des Bolschoi-Balletts, das sämtliche Rollen als Wladimir Putin mit nacktem Oberkörper tanzt.

An den Österreich-Ständen bieten meist ein paar Weinbauern mit blank geputzten Riedelgläsern ein gutes Tröpfchen feil, junge Damen und Herren in Ausseer Tracht verteilen Flyer und Kernöl. In nachgebauten Almhütten wird Hochprozentiges ausgeschenkt, und den Kunden, die von Schnaps, Wein und Kernöl bereits betrunken sind, präsentiert man auf einem Flatscreen Glas-Stahl-Konstruktionen sowie kernige Österreicher, die sich vom Hubschrauber abseilen, um mal eben ein Rotorblatt für ein Windkraftwerk zu montieren. So soll uns die Welt sehen: sauber und nachhaltig, fesch und zünftig, traditionsbewusst, aber modern. Ein Gartenzwerg kommt da nicht vor.

Bei der Weltausstellung in Mailand 2015 zeigte sich Österreich auch von seiner nachhaltigen Seite. Die Innenfläche des nach oben offenen Pavillons war mit einem photosynthetisierenden Wald bepflanzt. Mit den bis zu zwölf Meter hohen Bäumen und Nebeleffekten wurde die kühlende österreichische Luft zum Publikumsmagneten der EXPO. Die Idee schien zu funktionieren und war wesentlich beeindruckender, als die österreichische Luft in Plastikflaschen zu füllen und die Besucher daran schnuppern zu lassen.

Man hat hier voll ins Schwarze getroffen. Die Luft kann getrost als Teil unserer Identität betrachtet werden. Man ist, ich sagte es schön des Öfteren, vor allem stolz auf »die gute Luft«. Bergluft riecht anders als Landluft in der Ebene. Selbst der Schnee riecht, auch dann, wenn er nicht durch einen traditionellen »alpenländischen Schnee-Brunzer« verunreinigt wurde.

Mit der EXPO haben wir uns selbst einen visionären Touch gegeben. Anstelle von Weinhändler und Blasmusikkapelle produzierte der echte österreichische Wald-für-die-Weltausstellung pro Stunde ausreichend Sauerstoff für 1800 Besucher und kühlte den Bereich ganz ohne Klimaanlage. Es kam zudem eine Farbstoffsolarzelle zum Einsatz, die aus Licht Strom erzeugte. Auf die Möglichkeit, über eine Biogasanlage via Eichhörnchen-Fürze einen Ventilator zu betreiben, wurde verzichtet, um das geschmackvolle Gesamtbild nicht zu zerstören.

Alles in allem ein beeindruckender Auftritt auf der Weltbühne. Ganz ohne Mozart. Na bitte, geht doch!

Austria goes online

Laut einer Studie des Vereins Media Server verbringen die Österreicher 524 Minuten, also etwa 9 Stunden mit dem Konsum von Medien. Täglich. Während die Jungen öfter in digitalen Medien unterwegs sind, dominiert bei den über 40-Jährigen die Nutzung der traditionelleren Medien, also Zeitung, Fernsehen oder Radio.

Um mich selbst wieder als wichtigen Zeitzeugen ins Spiel zu bringen: Wir hatten ja damals nicht viel. Jetzt kann ich endlich auch einmal sagen, was uns die Nachkriegsgeneration immer unter die Nase gerieben hat, um zu zeigen, wie gut es uns geht.

Zugegeben: Wir hatten schon viel in den 70er-Jahren. Aber zumindest nicht viele Fernsehprogramme. In Österreich zwei, um es genau zu sagen. FS1 und FS2 hatten sie damals noch geheißen und sie sendeten keineswegs rund um die Uhr. Während FS1 (mit dem farbigen Testbild) von morgens bis nach Mitternacht bespielt wurde und mit der Bundeshymne sein Programm beendete, schaltete FS2 das schwarzweiße Testbild erst gegen Nachmittag ab. Dass Fernsehen irgendwann einmal »aufhören« könnte, ist für die junge Generation nicht mehr denkbar. Denn irgendwer sendet immer irgendwo irgendwas. Das mag auch für damals zugetroffen haben, doch hierzulande gingen die Mitarbeiter des Fernsehens nachts schlafen. Und damit auch das Fernsehen selbst.

Im Osten des Landes konnte man bei gutem Wind ein verrauschtes Bild des Fernsehsenders aus dem tschechoslowakischen Bratislava empfangen, was mehr experimentellen Charakter hatte denn informativen Gehalt. In einigen westlichen Bundesländern dagegen gelang der beinahe ungestörte Empfang des Ersten und Zweiten Deutschen Fernsehens, sodass etwa die Salzburger in dieser Zeit weitaus weltoffener waren als die Wiener, weil sie wussten, was eine »Tageschau« war.

Das im Vergleich zu heute beschränkte Medienangebot hatte jedoch etwas Verbindendes. Bei einer Samstagabendshow – meist ein deutsches Format wie »Einer wird gewinnen«, »Am laufenden Band« oder später »Wetten dass …?« – konnte man davon ausgehen, dass ein Gutteil der Österreicher zugesehen hatte. Wer die jährliche »Peter Alexander Show« zu Weihnachten versäumte, galt als freakiger Eremit. Die Nachrichtensendung »Zeit im Bild« war die wichtigste und nahezu einzige Informationsquelle, durch die man sich ein bewegtes Bild von der Welt machen konnte.

Sicher war das langjährige Rundfunkmonopol des ORF, das erst mit dem EU-Beitritt 1995 aufgeweicht wurde und die Existenz heimischer Privatsender ermöglichte, dafür verantwortlich, dass man sich irgendwie als Einheit fühlte.

Um die Menschen bei schlechtem Wetter bei Laune zu halten, gab es zum Beispiel in den frühen 80er-Jahren das »Regenbogenprogramm«. So konnte sich die Nation – zugegeben jeder für sich, aber doch irgendwie gemeinsam – vor dem Fernseher versammeln, wenn es regnete. Eine nette Idee, das Gemeinschaftsgefühl zu stärken. Allerdings mit einem gewaltigen Nachteil, wie mir mein lieber Tiroler Kabarettistenkollege Alex Kröll darlegte. Denn wie und ob das Wetter schlecht war, wurde in Wien festgelegt, dem Sitz des ORF-Zentrums. Und somit über die Köpfe der Westösterreicher hinweg bestimmt, ob es im Rest Österreichs genug regnete, um das Schlechtwetterprogramm auszustrahlen. Ein weiteres Schäuflein Salz wurde da in die alten Wunden der Ost-West-Beziehungen gestreut. Die Fremdbestimmung durch den österreichischen »Wasserkopf« Wien, der hochmütig über das Geschick der westlichen Bundesländer entschied, hatte damit eine neue Qualität der Grausamkeit bekommen: Tiroler Kinder mussten oft genug bei strömendem Regen auf das schwarz-weiße Testbild starren, nur weil in Wien die Sonne schien.

Als Mitte der 1980er-Jahre die ersten Österreicher einen Kabelanschluss bekamen und plötzlich auf so exotische Sender wie RTL oder SAT1 Zugriff erhielten, begann die heimische Fernseh-Schicksalsgemeinschaft zu bröckeln. Denn die Aussage »Heute spielen's nix Gescheites« konnte nun mit einem »Auf RTL ist Tutti-Frutti« entkräftet werden. Allerdings konnten sich nur ein paar Auserwählte die Show mit den provozierenden Busenblitzern ansehen.

Mittlerweile kann man aus hunderten von Sendern wählen, und selbst eine sensationell hohe Einschaltquote bedeutet heute eine nur geringe im Vergleich zu früher. Man holt sich Breaking-News von CNN, Sportberichterstattungen von Bezahlsendern und lädt sich aktuelle Spielfilme illegal per Internet herunter. Es gibt nicht mehr »das Fernsehen«, es gibt einfach Medien. Meine Tochter erklärte mir im Alter von 9 Jahren, welche Fernsehsender sie besonders schätzt: ORF, PRO7 und Youtube.

Auch wenn man in seiner Peergroup gewisse Sendungen gesehen haben muss, wie »Austrias Next Topmodel«, »Deutschland sucht den Superstar« oder »Austrias Next Topmodel sucht Deutschland«, haben die Jüngeren ein höchst individuelles Medienverhalten, sodass es sein kann, dass in einer Klasse von 30 Jugendlichen am Vorabend 30 verschiedene Formate gesehen wurden.

Das klingt einsam für jemanden, der miterlebt hat, wie ein ganzes Volk beim Satz »Topp, die Wette gilt!« mitgezittert hat, wenn ein burgenländischer Baggerfahrer in einer Minute mit der Baggerschaufel 20 Bierflaschen öffnen, den Inhalt trinken und in 20 Bierflaschen zurückurinieren konnte.

Internet-Trends auf Österreichisch

Spätestens seit es das Internet gibt, kann man Österreich nicht mehr als hinterwäldlerisch bezeichnen. Wir liegen bezüglich der Nutzung im europäischen Mittelfeld. Dass Länder wie Island oder Norwegen an der Spitze dieses Rankings liegen, zeigt auf, wo der wahre Hinterwald ist. Nein, Österreich liegt auch hier in der goldenen Mitte. Und dass Vorarlberg im Bundesvergleich am meisten online herumsurft, bestätigt nur die vorher genannte Theorie.

Geht man nach Google, das angeblich gar keine Ahnung vom persönlichen Suchverhalten seiner Kunden hat, so zeigt sich, dass die Österreicher durchaus pragmatisch suchen: Auf den Favoritenplätzen befinden sich Maps, Übersetzer, Wetter, Gebrauchtwagen, TV-Programm, Speedtest oder Spiele. Ein paar ganz erfahrene Internetuser googeln sogar Google.

Unter den meistgesuchten Speisen befinden sich wider Erwarten weder Schnitzel noch Kaiserschmarrn, sondern Parasol, Steinpilz und Eierschwammerl. Man verlässt sich also nicht mehr so ganz auf die von Generation zu Generation weitergegebenen Kenntnisse über die verschiedenen Wildpilzarten, sondern sieht lieber im Internet nach, bevor man diesen appetitlichen knallroten Pilz mit den weißen Punkten verkocht.

Die häufigsten Fragen, sieht man vielleicht von Anfragen mit explizit sexuellem Inhalt ab, betreffen natürlich die im jeweiligen

Jahr aktuellen Ereignisse: »Ebola«, »Schweinegrippe«, »VW-Skandal«, »VW billig kaufen«, »Wurst«, »Wurst ohne Conchita«, »FPÖ«, »Flüchtlinge«, »Ukraine-Krise«, »Putin«, »Putin nackt«, »Schwarzgeld steuerschonend anlegen«, »Opernballgast Lugner 2016«, »Islamischer Staat« und »Urlaub Islamischer Staat günstig buchen«.

Nein, die Österreicher sind firm in all den Trends, die das Netz zu bieten hat. Man kennt den zu »Gangnam-Style« hüpfenden Südkoreaner genauso wie missgelaunt dreinblickende Katzen, Menschen, die ohne abzusetzen Goethes Faust in den Schnee pinkeln, rührende Szenen, die als virale Clips Millionen Menschen zu Tränen gerührt haben, oder ein Kleid, das man unbedingt gesehen haben muss, weil es nämlich nicht weiß-gold, sondern schwarz-blau ist.

Dass wir uns nun endlich in einer weltweiten Gemeinschaft befinden, gibt uns sowohl das Gefühl, nicht untätig vom Berg aus zusehen zu müssen, wie anderswo Party gefeiert wird, sondern die Party aktiv mitgestalten zu können. Wenn auch nur virtuell.

2014 machte die »Ice Bucket Challenge« Schlagzeilen. Prominente von Mark Zuckerberg bis Helene Fischer übergossen sich mit einem Kübel Eiswasser, stellten ein Video davon ins Netz und nominierten weitere Personen, die das nachmachen sollten, um auf die Nervenkrankheit ALS aufmerksam zu machen. Als der Hype Österreich erreichte, war man endlich mittendrin im Geschehen. Denn dem Internet ist völlig egal, ob der begossene Mensch in Chicago oder in Mattersburg zu Hause ist.

Wenn das Internet ein globales Dorf darstellt, dann teilt sich dieses Dorf in viele kleinere Dörfer auf. Diese widmen sich weniger dem großen Ganzen, sondern den kleinen Geistern. Und so wurde im süddeutschen und österreichischen Internet – wenn es denn so etwas gibt – eine weitere Challenge ins Leben gerufen, die dem landesüblichen Stil besser entsprach.

Bei der »Cold Water Challenge« musste eine nominierte Blasmusikkapelle in voller Montur musizierend ins Wasser gehen. Wer dem örtlichen Schwimmbad, dem Fluss oder der Kanalisation wieder entstiegen war und ein Video davon gepostet hatte, durfte drei weitere Kapellen nominieren. Wurde die Challenge innerhalb von 48 Stunden nicht angenommen, so musste den Herausforderern eine Jause spendiert werden. Im Vordergrund stand also weniger der gute Zweck, wie bei der Ice-Bucket-Challange, als vielmehr die Gaudi. Woran man sieht, dass die Österreicher eher lustig denn zweckmäßig sind.

Als passionierter Mediziner möchte ich an dieser Stelle noch anregen, die »Chefvisiten Water Challenge« ins Leben zu rufen. Eine nominierte Abteilung muss binnen eines ausgemachten Zeitraums eine Chefvisite im Becken des örtlichen Kurbades abhalten. In voller Traditionskluft. Da der mitgeführte Patient während der Challenge in seinem Krankenbett unter Wasser zu stehen kommt, ist aus ethischen Gründen eine Sauerstoffmaske mitzuführen. Wer die Challenge annimmt, darf drei weitere Spitäler nominieren. Wer zu feig ist, muss dem Herausforderer drei Privatpatienten schenken.

Zurück in die Zukunft

Wenn in diesem Buch von einem Österreich in den 10er-Jahren des 21. Jahrhunderts die Rede ist, so lässt sich in gewissen Belangen auch ein Trend ablesen. Trends, so sie denn anhalten, ermöglichen, Aussagen über die Zukunft zu treffen. Die inhaltliche Aussage wird kurz werden. Dafür ist die folgende typisch österreichische Präambel lang.

Präambel zur Prognose

Natürlich sind solche Voraussagen immer mit Vorsicht zu genießen. Das haben Voraussagen so an sich, und wären Prognosen etwas sicherer, so wäre jeder, der sich als »Zukunftsforscher« einen Namen gemacht hat, mittlerweile auf den ersten drei Rängen der Forbes-Liste zu finden. Ist er aber nicht. Bei weitem nicht.

Ein weiterer Vorteil von Prognosen ist, dass es keine Rolle spielt, ob sich die künftige Wirklichkeit auch an die Prognosen hält. Bis dahin sind ausreichend viele Exemplare des vorliegenden Buches verkauft und man wird sich in ein paar Jahrzehnten kaum die Mühe machen, nachzusehen, ob die Zukunft an dieser Stelle richtig vorhergesagt wurde.

Aus meiner Erfahrung kann ich sagen, dass man als Arzt immer wieder zur Zukunft befragt wird: »Werde ich wieder gesund?«, »Wie lange habe ich noch zu leben?«, »Werde ich nach der Operation Klavier spielen können – obwohl ich es vorher nicht konnte?«

Es ist verwunderlich, dass vor Wahlen immer wieder Prognosen abgegeben werden, die dermaßen danebenliegen, dass man genauso gut den legendären Fußball-Kraken Paul als Orakel befragen hätte können. Doch nach der Wahl ist vor der Wahl, nach der verbockten Prognose ist vor der verbockten Prognose, und so werden die TV-Wahrsager auch vor der nächsten Abstimmung hinzugezogen, um Prognosen abzugeben. Auch Sportreporter errechnen das wahrscheinliche Ergebnis eines Länderspiels aus dem Mittel ihrer eigenen Tagesverfassung und der Unterhosenmarke des Torwarts.

Wenn einmal ein kleiner Teilbereich richtig vorhergesagt wurde, jubeln alle und lobpreisen die Vorhersageinstitute, sodass gleich ein 100-Jahres-Vertrag für alle weiteren Prognosen abgeschlossen wird. So halte ich es mit dem österreichischen Dramatiker Johann Nestroy:»Hinterher ist jeder ein Prophet!«

Österreich im Jahr 2050

Folgt man dem Trend weiter, dass alles in etwa so weitergeht wie bisher, wird Österreich wohl auch im Jahr 2050 weitgehend unverändert existieren, so es nicht Teil einer größeren Organisation wie der EU oder dem IS geworden ist.

In jedem Fall wird man sich darüber beschweren. Denn auch das wird sich nicht ändern.

Conclusio

These: Von innen sieht Österreich viel größer aus

Je weiter man auf den Berg steigt, umso überschaubarer wird das Land. Hat einem der Aufstieg auf einen Gipfel (beziehungsweise die letzten zehn Meter von der Bergstation der Gondel bis zum Gipfelkreuz) nicht den letzten Atem genommen, so wird man mit einem atemberaubenden Bergpanorama belohnt.

Und dort oben fragt man sich, wie viel Österreich zwischen den ganzen Bergen überhaupt noch Platz hat. Zumal man in der Ferne – je nach Blickrichtung – hinter dem gewaltigen Gebirgsmeer auch schon den einen oder anderen Gipfel erkennt, der nicht mehr zum Land gehört.

Dennoch ist Österreich größer als es zunächst aussieht. Das kann die zahlenmäßig größte Immigrantengruppe des Landes bestätigen. Den deutschen Bundesbürgern, die Österreich geografisch und auch sonst zuvor meist nur von oben herab gekannt haben und es ob seiner Größe für überschaubar hielten, wird, im Land angekommen, schmerzlich bewusst, dass sie sich getäuscht haben. Denn in Österreich von A nach B zu gelangen, kann eine gehörige Zeitspanne in Anspruch nehmen. Und das ist nicht nur geografisch gemeint.

Zudem gibt es so viel Wichtiges, Weltbewegendes in unserem Land, dass dessen bescheidene Größe dem längst nicht gerecht wird, ob kulturell, kulinarisch, geschichtlich oder auch sportlich betrachtet. Schon der Ski-Weltcup, der die nationale Zusammengehörigkeit stärkt, da er uns das Gefühl gibt, auch einmal die Besten zu sein, ist eine nähere Betrachtung wert. Der Begriff Weltcup suggeriert, dass sich die ganze Welt in einem Wettbewerb auf Augenhöhe misst. Dass bei diesem Wettbewerb gerade mal eine Handvoll Welt mitmacht und dies gerade mal einen Fingerhut voll Welt auch interessiert, spielt keine Rolle. Man meint, privilegiert zu sein, weil ganze Skirennen im österreichischen Fernsehen live übertragen werden, da man so gut im Skifahren ist. Tatsächlich ist Österreich oft das einzige Land, in dem das Ereignis live übertragen wird. Vielleicht schauen noch ein paar Schweizer, Süddeutsche und Norditaliener mit. Die Liste der Exportschlager ließe sich zweifellos unendlich fortsetzen. Man weiß, dass die Welt wie gebannt auf uns blickt. Und dass Österreich eine große Nation in einer etwas zu kleinen Verpackung ist.

Antithese: Von außen sieht Österreich viel größer aus
Je weiter die Österreicher sich von Österreich entfernen, desto größer wird bei vielen das Heimweh. Man trifft sich als Auslandsösterreicher in den Metropolen der Welt und beklagt, dass es nirgendwo so gutes Brot, so klares Wasser oder so panierte Luft gibt wie in der Heimat.

Mit stolzgeschwellter Brust glaubt man, an jeder Ecke der Welt österreichische Spuren erkennen zu können: die Packung Wiener Manner-Schnitten im New Yorker Laden, ein Werk von Mozart in der Oper von Sidney, ein Institut für Psychoanalyse in Buenos Aires, ein in einem österreichischem Werk liebevoll handgeschnitzten Raketenwerfer im Nahen Osten oder das weihnachtliche »Stille Nacht« in einem US-amerikanischen Shopping-Center, bei dessen Klängen man ernsthaft mit einem dämlichen Ami darüber diskutieren muss, dass es sich nicht um ein texanisches Volkslied handelt.

Dass Österreich mit der Entfernung immer größer wird, bedeutet auch, dass es schrumpft, wenn man sich dem Land wieder annähert. Da wird man rasch gefangen im kleingeistigen Mief, in Neid und Missgunst und der traditionellen Umklammerung, die so gar kein Verständnis für Veränderungen zulassen möchte. Alles Eigenschaften, aufgrund derer man das Land vielleicht verlassen hat.

Die Entfernung lässt das Land in einem weicheren Licht erscheinen, bis man irgendwann sogar erkennen kann, wie tolerant, sozial und warmherzig die da drinnen sein können, wenn sie nur wollen. Deshalb setzt man im Tourismus gerne ein weiches Licht ein. Doch auch in nüchternem Licht betrachtet, hat Österreich so viel Wunderbares zu bieten, von dem die restliche Welt gar nichts weiß. Wenn es uns gelingt, künftig das Wunderbare einfach nur als Selbstzweck zu sehen, und wenn wir aufhören, es um jeden Preis von der Welt bestaunen lassen zu wollen, dann wird unser Wunderbares so hell strahlen, dass die Welt von sich aus auf Österreich blickt. Ganz ohne Atomkraftwerk.

Synthese: Wie gross Österreich tatsächlich ist, ist eh Wurscht!

Und mit dieser landestypischen Grundhaltung wäre dann wohl alles gesagt.

Anhang

Offizielle Übersetzung des Liedtextes von »Vo Mello bis ge Schoppor-
nau« der Band »Holstuonarmusigbigbandclub«

Samstag abends in Egg (der nächst größere Ort)
bin ich wieder mal halb verreckt.
1 2 3 4 5 6 7 Gläser sind eines zu viel gewesen,
ich glaub ich kann nix dafür.
Noch ein letzter Blick auf meine Rolex-Uhr –
ein Aug zu, dass ich noch den 12er seh'
Glück gehabt, Glück gehabt, doch schon hat er mich gesehen
Der Guni (der Chef des Lokals) sagt: »Jetzt geh endlich nach Hause, ich
    mach nämlich meinen Laden zu!«
REFRAIN:
/:Von Mellau bis nach Schoppernau bin ich gegangen,
die Füße haben mir weh getan:/
/:weh getan (weh tau), weh getan, weh getan,
die Füße haben mir weh getan:/

Literatur

Ebner, Jakob: Duden – Wie sagt man in Österreich. Wörterbuch des österreichischen Deutsch. Berlin, 2009

Franzke, Sonja: Total alles über Österreich. The complete Austria. Wien/Bozen, 2013

Hamann, Brigitte: Österreich – ein historisches Porträt. München, 2009

Leitner, Tarek: Mut zur Schönheit – Streitschrift gegen die Verschandelung Österreichs. Wien/München, 2012

Markus, Georg: Es war ganz anders – Geheimnisse der österreichischen Geschichte. Wien, 2013

Mikoletzky, Lorenz/Karner, Stefan: Österreich. 90 Jahre Republik. Innsbruck, 2008

Ritterband, Charles E.: Dem Österreichischen auf der Spur: Expeditionen eines NZZ-Korrespondenten. Wien, 2009

Danksagung

Neben meiner Familie, die mich beim Schreiben wie immer nicht nur seelisch unterstützt, sondern zudem mit guten Ideen und leider auch Naschereien versorgt hat, möchte ich meiner illustren Kabarett-Truppe Norbert Peter, Simon Maier, Marianne Jacoba, Claus Schönhofer und Wolfgang Kriegleder für ihre Anregungen danken. Dank auch

– für den satirischen Blick: Joesi Prokopetz, Klaus Eckel, Robert Mohor, Günther Lainer, Alex Kröll, Bernhard Ludwig, Niko Formanek, Fritz Jergitsch von Österreichs seriösester Onlinezeitung »Die Tagespresse« sowie Günther »Gunkl« Paal für den philosophischen Input und die Aussage, dass die geistige Heimat des Österreichers das »Ungefähre« ist.

– für den Blick von innen: Christian Freisleben-Teutscher, Swetlana Teutscher, Raoul Mazhar, Roman Szeliga, Eugen Prehsler, und Klaus Haselböck von »Bergwelten«.

– für den Blick von außen: an meine Außenkorrespondenten aus den fernen und exotischen Ländern Deutschland, Liechtenstein und der Schweiz sowie den Vereinigten Staaten von Amerika, Israel und Griechenland. Talia Baruch, Eyal Zur, Michael Rossié, Martin, Alexander und Ralph Teutscher, Doris Ringseis, Herwig Thöny, Roman Buchimensky und Jakob Klein, der in den Österreichern die »Amtsmentalität« und seinen Cousin »Warum einfach?« erkannt hat.

– für den Blick ins Buch: Kathrin Nord für das wie immer umsichtige und kluge Lektorat, Margit Pulz sowie dem Buchteam, allen voran Monika Eginger (Orell Füssli Verlag) sowie Christine Proske (Ariadne-Buch).

– für den Blick in die Pfanne: Robert Letz vom Schlosspark Mauerbach und seinen Kaiserschmarrn.